农村干部教育·农村经济综合管理系列图书

NONGCUN GUANLI GOUTONG SHIWU

农村管理沟通实务

杜丽丽　唐巍巍　主编

彭德举　主审

化学工业出版社

·北京·

《农村管理沟通实务》打破了过去按知识体系设计内容的方式,以农村干部管理沟通工作对象和任务为切入点,从农村干部工作实际出发,收集农村中的真实案例,通过理论讲述与案例分析相结合,帮助村干部认识有效沟通在村务工作中的重要性,增强管理沟通意识,进而在学习、工作中,能有意识地运用所学到的管理沟通知识和理论,达成更有效的管理沟通效果。

《农村管理沟通实务》内容分五个模块,主要包括走进农村管理沟通、农村组织的管理沟通、农村突发公共事件与危机的管理沟通、农村会议的管理沟通、农村接待工作的管理沟通。每个模块分为若干项目,模块后备有思考与分析题,供读者研讨。

《农村管理沟通实务》既可以作为农村经济综合管理专业(村务管理方向)的教学用书,又可用于农民创业的培训,还可供农村干部工作参考。

图书在版编目(CIP)数据

农村管理沟通实务/杜丽丽,唐巍巍主编. —北京:化学工业出版社,2020.1

农村干部教育·农村经济综合管理系列图书

ISBN 978-7-122-35615-4

Ⅰ.①农⋯ Ⅱ.①杜⋯②唐⋯ Ⅲ.①农村-管理-教材 Ⅳ.①F325.4

中国版本图书馆 CIP 数据核字(2019)第 252509 号

责任编辑:章梦婕 迟 蕾 李植峰　　　文字编辑:李 曦
责任校对:杜杏然　　　　　　　　　　　装帧设计:刘丽华

出版发行:化学工业出版社(北京市东城区青年湖南街 13 号　邮政编码 100011)
印　　刷:北京京华铭诚工贸有限公司
装　　订:三河市振勇印装有限公司
710mm×1000mm　1/16　印张 7¼　字数 106 千字　2020 年 2 月北京第 1 版第 1 次印刷

购书咨询:010-64518888　　　　　　　售后服务:010-64518899
网　　址:http://www.cip.com.cn
凡购买本书,如有缺损质量问题,本社销售中心负责调换。

定　价:28.00 元　　　　　　　　　　　　　　　版权所有　违者必究

农村干部教育·农村经济综合管理系列图书

编审委员会

主　　任　伊立峰　王兴建

副 主 任　彭德举　耿鸿玲

总 主 编　彭德举

总 主 审　石　晶

成　　员　（按姓名汉语拼音排序）

　　　　　边静玮　段会勇　耿鸿玲　彭德举　石　晶

　　　　　唐巍巍　王兴建　伊立峰

《农村管理沟通实务》编写人员

主　　编　杜丽丽　唐巍巍
副 主 编　耿　楠　侯　蕾　王文娜
编写人员　（按姓名汉语拼音排序）
　　　　　　杜丽丽　郜　龙　耿鸿玲　耿　楠　侯　蕾
　　　　　　唐巍巍　王彩明　王文娜　张　凯
主　　审　彭德举

序

目前,我国农村正在全面实现四个现代化,农村的发展在一个很长的阶段是全国工作的重点和难点。党和国家十分关心和重视农村、农业和农民问题,制定了一系列扶持农村发展的优惠政策。农村基层干部是党和国家政策的贯彻者、执行者,是党和国家联系农民群众的桥梁和纽带,他们素质的高低直接影响着农村发展的速度和农村的稳定。加强对农村基层干部的系统教育与培训是提升农村干部素质的重要手段和途径,为此山东省济宁市委组织部、山东省济宁市教育局、山东省济宁市高级职业学校、山东省济宁市农村干部学校、山东省济宁农村干部学院组织编写了农村干部教育·农村经济综合管理系列图书。这对于丰富和完善农村干部学历教育,提高农村干部业务能力和素质能力具有重要意义。

这套图书是在总结十几年农村干部教育的改革创新实践经验的基础上编写的,同时吸收了山东省济宁市高级职业学校承担国家第三批改革发展示范校建设任务的有关成果。这套图书在编写时紧紧围绕解决当前农村基层干部队伍建设中存在的领导能力、致富带富能力、服务群众能力的提升需求,能够帮助农村基层干部改善工作的方式方法,有助于培养优秀的农村党员干部和致富带头人。

这套图书内容十分丰富,涵盖了农村管理沟通实务、农村经纪人、农民专业合作社和家庭农场管理实务、农村应用文写作实务与农村社区文体活动等,都是当前农村工作中急需的知识和能力,针对性、实用性、操作性都很强。图书编写体例适应农村干部的特点,按实际工作任务划分模块,精心挑选了丰富的案例并进行分析,内容充实、通俗易懂、文字简洁,注重了实用性、规范性，是一套在理念和体系上大胆创新的好图书。希望广大农村干部和农村经济综合管理工作者在使用这套图书时，提出宝贵意见和建议，我们将在再版修订时积极采纳。

前言

作为一个农业大国,农村和农民的发展与稳定是我国社会发展的重要基础,其中作为农村领头人的村干部起着决定性作用。村干部是基层政府与群众之间的桥梁,是带领百姓致富的领头羊,其管理沟通能力是润滑剂、黏合剂、催化剂。面对快速发展的新农村建设,围绕农村工作实际情况以及农村经济综合管理人才(村务管理人才)培养的需要,我们编写了本书。

本书内容共有五个模块十五个项目。第一模块是使村干部以及准备将来从事村务管理工作的人员通过学习认识管理沟通对村务管理的重要性,增强管理沟通意识。第二模块讲述农村组织的管理沟通,是本书的重点内容之一。农村事务繁杂琐碎,如何处理好与乡镇政府及上级领导部门的关系,如何处理好与村民等复杂的人际关系是村干部必须要面对的问题,本模块深入浅出地帮助村干部从理论到实践,掌握与领导、村民、同事等不同人群沟通的技巧和策略,以及如何克服障碍等内容,并专设项目四讨论如何在农村工作中有效使用非正式沟通。第三模块是农村突发公共事件与危机的管理沟通,针对的是目前农村突发公共事件如何预防和应对,以及农村群体性突发事件的管理沟通等。第四模块讲述农村会议的管理沟通,以及如何针对不同的会议形式去沟通。第五模块是农村接待工作的管理沟通,讲述具体的农村接待工作实施要点及实施细则。

本书每个模块都配有若干案例,这些案例大都源自当下农村、农民身边发生的真实事件,具有针对性、典型性,能使读者将案例内容与自身的沟通实践联系起来。每个模块都有名言引领;针对很多知识点,使用了链接,拓展了沟通的视野;或用生动形象的沟通小故事,增加趣味性,又加深对相关内容的理解;还用能力测评帮助读者了解自身沟通能力;每个模块后均有思考与讨论,以备读者复习、巩固、深化知识，训练提高实际解决问题的能力。

  本书结构由杜丽丽统稿、总撰，由杜丽丽、唐巍巍任主编，耿楠、侯蕾、王文娜任副主编，耿鸿玲、郜龙、王彩明、张凯也参加了本书的内容编写，并由彭德举审定。同时本书的撰写也得到学校领导和老师们的指导和帮助，在此谨对给予关心帮助的各位领导、老师表示衷心的感谢！

  由于能力有限，本书难免有不妥之处，欢迎各位专家和读者朋友们批评指正，以使本书更加完善。

编者

2019 年 7 月

目录

模块一　走进农村管理沟通
项目一　管理沟通的概述 …………………………………………………… 2
项目二　农村工作与管理沟通的特点 ……………………………………… 9

模块二　农村组织的管理沟通
项目一　如何与领导沟通 …………………………………………………… 21
项目二　如何与村民沟通 …………………………………………………… 26
项目三　如何与同事沟通 …………………………………………………… 32
项目四　如何进行非正式沟通 ……………………………………………… 36

模块三　农村突发公共事件与危机的管理沟通
项目一　农村突发公共事件的管理沟通 …………………………………… 45
项目二　农村群体性突发事件的管理沟通 ………………………………… 52
项目三　农村的危机沟通 …………………………………………………… 57

模块四　农村会议的管理沟通
项目一　农村会议概述 ……………………………………………………… 64
项目二　农村会议前的筹备与沟通 ………………………………………… 73
项目三　农村会议期间的组织与沟通 ……………………………………… 78
项目四　农村会议善后管理沟通 …………………………………………… 85

模块五　农村接待工作的管理沟通
项目一　农村接待工作类型及沟通案例 …………………………………… 91
项目二　农村接待工作沟通过程及要素 …………………………………… 96

参考文献 ……………………………………………………………………… 104

模块一

走进农村管理沟通

管理者的最基本能力：有效沟通。

——英国管理学家 L.威尔德

[案例导入]

近两年，随着农村土地流转的盛行，许多地方掀起了土地热，大规模争相流转土地，导致了土地租金一路飙升，相对应的村民矛盾也随之而来。先前，农民因土地收入少，青壮年大多外出打工，许多新添人口没有土地，还有些人因出嫁或死亡，人不在户籍了可地还在，一人种多人的地，多人种一人的地。如今土地租金直接收益与日俱增，于是矛盾彰显，解决土地分配不均问题已迫在眉睫。

A村：新添人口的村民找村委领导要地，村委领导口头答应，但一直未能落实，矛盾日益激化。

B村：先召开村委、村民代表会议，了解、收集本村土地占有及流转中存在的问题，讨论解决方案。针对家庭人员变动、土地分配不均等历史遗留问题，商议重新丈量土地，每增加一人的地相应地拿出几百元，作为丈量土地人员的开支和对减少土地的家庭补贴，这样拿钱的得到了地，少地的得到了补偿，老百姓都感觉合情合理。针对土地流转问题，村委将有关法律政策宣传至各家各户，由村民代表商讨，最后决定土地由村集体统一收回，由村委会直接转包，所得租金按人均分配，然后与村民签订合约。

案例点评：新农村建设的稳定发展，村民的和谐相处，取决于村委领导的管理沟通能力。

项目一　管理沟通的概述

为什么要沟通？

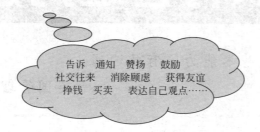

告诉　通知　赞扬　鼓励
社交往来　消除顾虑　获得友谊
挣钱　买卖　表达自己观点……

研究表明，我们工作中70%的时间用于沟通；70%的错误是由于不善于沟通，或者说是由于不善于谈话造成的。

一、沟通的含义

沟：水道；通：贯通、往来、通晓、通过、通知……

沟通就是为了一个设定的目标，发送者凭借一定渠道（亦称媒介或通道），将信息、思想和情感发送给既定对象（接受者），并寻求反馈以达成共同协议的过程。

[链接1-1]　沟通的几种错误观点
- 沟通不是太难的事，我们不是每天都在沟通吗？
- 我告诉他了，所以我已经和他沟通了。
- 只有当我想要沟通时，才会有沟通。

在沟通的定义里，包含沟通的三大要素。

要素1　沟通一定要有一个明确的目标

沟通就要有一个明确的目标，这是沟通最重要的前提。如果没有目标，那就是聊天。经常有人说："某某，咱们出去随便沟通沟通。"这就是没有将聊天和沟通区分开。随便和沟通，本身就是一对矛盾。沟通时说的第一句话要说出要达到的目的，这是非常重要的，也是沟通技巧在行为上的一个表现。

要素2　达成共同的协议

沟通结束的标志就是达成了一个协议。沟通结束以后一定要形成一个双方或者多方都共同承认的协议，只有形成了协议才叫作完成了一次沟通。如果没有达成协议，那么这次谈话就不能称之为沟通。在实际的工作过程中，我们常见到大家一起沟通了，但是最后没有形成一个明确的协议，就各自去工作了。由于对沟通的内容有不同的理解，又没有达成协议，最终造成了工作效率的低下，双方又增添了很多矛盾。在我们明确了沟通的第二个要素后，我们应该知道，我们和别人结束沟通的时候，一定要用这样的话来总结：非常感谢你，通过刚才的交流，我们现在达成了这样的协议……你看是这样的一个协议吗？在沟通结束的时候一定要有人来做总结，这是一个非常好的沟通技巧。

要素3　沟通信息、思想和情感

沟通的内容不仅仅是信息，还包括更加重要的思想和情感。那么信息、思想和情感哪一个更容易沟通呢？答案是信息。例如：今天几点钟开会？在哪里开会？这样的信息是非常容易沟通的，而思想和情感是不太容易沟通的，在我们工作的过程中，很多障碍使思想和情感无法得到一个很好的沟通。

[链接1-2]

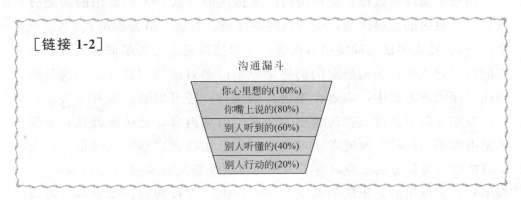

二、沟通的过程

如何进行有效沟通呢？首先我们应该了解沟通的过程，简单地说，沟通就是传递信息的过程。成功的沟通有两个关键的因素：给予有用的信息和收集有用的信息。

信息在两者之间的传递过程，一般经历七个环节，如图1-1所示。

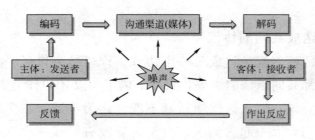

图 1-1　沟通的过程

1. 沟通主体

沟通主体即信息的发送者。这里所说的信息是一个广义的概念，它包括观点、想法、资料等内容。

2. 编码

编码即发送者将所要发送的信息译成接收者能够理解的一系列符号。为了有效地进行沟通，这些符号必须适应媒体的需要。例如，如果媒体是书面报告，符号的形式应选择文字、图表或照片；如果媒体是会议，就应选择语言等。

3. 沟通渠道

沟通渠道或称媒体，是指沟通信息传递的方式。人们常用的沟通方式既包括面对面的直接沟通，也包括网络沟通、电话（语音沟通）、书信（文字沟通）、托人捎话（间接语音沟通）等间接沟通。心理学研究发现，在所有的沟通方式中，影响最大的仍然是原始的面对面的沟通方式。这是因为在面对面沟通方式中，沟通者除语言信息外，还可以通过眼神、表情、姿态、动作等向信息接收者传达更为全面的信息内容，对接收者具有更强烈的感染作用。同时，沟通者还可观察到信息接收者完整的反馈信号，全面了解接收者对信息的反应，并可根据对方的反馈及时调整自己的沟通方式。如果对方表现出的是积极的反应，则可以继续进行沟通；如果对方表现出的是消极的反应，则要随时对沟通方式和沟通内容加以调整，有助于提高沟通效果和最大限度地对接收者产生影响。

4. 解码

解码称译码，是指接收者将接收到的符号译成具有特定含义的信息。由于发送者翻译和传递能力的差异，以及接收者接收和翻译水平的不同，信息的内容和含义经常被曲解。

5. 沟通的客体

沟通的客体即信息的接收者根据发送来的符号的传递方式，选择相应的接收方式。例如，如果发送来的符号是口头传递的，接收者就必须仔细地听，否则，符号就会丢失。

6. 反应

反应亦体现出沟通效果。

沟通要素缺一不可，共同决定沟通效果。

一般来说，沟通过程中存在着许多干扰和扭曲信息传递的因素，通常把这些因素称为噪声，或称障碍。沟通过程中任何环节出现问题，都会造成沟通障碍，如信息不明确，没有表达清楚，信息没有被正确转换成可以沟通的信号，错用沟通方式，信息接收者误解信息，都有可能造成沟通障碍。这里的噪声对沟通有效性的影响是不言而喻的，因此我们应主要关注沟通过程中造成信息失真的内部因素。当然巧妙地把握有时会起到意外的效果。

7. 反馈

发送者通过反馈来了解他想传递的信息是否被对方准确地接受。根据信息接收者对信息的理解、接受状态，反馈可分为正反馈、负反馈和模糊反馈。如果反馈显示出信息接收者理解并接受了信息，则这种反馈为正反馈；如果反馈显示出信息没有被理解和接受，如听者一脸茫然，或直接打断说"我不懂你的意思"，或者听者表现出很不耐烦的神态，阻止对方再说下去，表明不同意沟通者的见解时，则这种反馈为负反馈；如果信息接收者对信息的反应处于不确定状态时，即信息不够充分，接收者无法决定接受与否，这种反馈则为模糊反馈。模糊反馈并不是说接收者没有反应，接收者已经理解并接收到了信息，虽然接收者没有明确的表态，但信息会对接收者产生一定的影响。

反馈不一定来自对方，沟通者也可以在信息发送过程中自行获得反馈信息，比如沟通者发觉自己所说的话有误或不够准确，也会对此自行作出调整，心理学家称之为自我反馈。在自我沟通中常伴随有自我反馈。

沟通能产生交互作用，在实际的沟通过程中，沟通的双方都在不断地将反馈信息回传给对方，始终处于一种双方互相传递和反馈信息的过程，任何一方既是沟通者也是反馈者。如果一方缺乏反馈或者出现负反馈，则会造成沟通的阻断，导致沟通无法继续进行，比如对方面对沟通者的说辞无动于衷甚至反感，沟通者的沟通则会以失败而告终。因此，发送者了解信息被理解的程度也是十分必要的。沟通过程的反馈，构成了信息的双向沟通。

由此可见，信息传递过程中，信息本身由于各种因素的影响都会出现信息失真现象。因此在每一次的沟通过程中都应该进行反馈，通过反馈把信息返回给发送者，以核实信息是否被理解。

案例 1-1

爹对儿子说，我想给你找个媳妇。儿子说，可我愿意自己找！爹说，但这个女孩子是富豪的女儿，可以吗？儿子说，要是这样，可以。

然后他爹找到富豪说：我给你女儿找了一个老公。富豪说，不行，我女儿还小！爹说，可是这个小伙子是银行的副总裁！可以吗？富豪说，啊，这样，行！

最后，爹找到了银行的总裁，说："我给你推荐一个副总裁！"总裁说，"可是我有太多副总裁了，多余了！"爹说："可是这个小伙子是富豪的女婿！可以吗？"总裁说："这样呀，行！"

思考

1. 案例中的"爹"如何将看似不可能的事情变为现实？
2. 成功沟通与哪些因素有关？

点评

这是一个成功管理沟通的故事，通过简单的几句话将不可能的事情变为现实，其中巧妙地运用了沟通过程中编码、解码等要素。

之所以产生巨大的影响，将原本不存在的事情变成现实，关键在于信息输出者编码和信息接收者解码产生了差异，具体说来，信息输出者在信息编码时，有意地将未来可能发生的事件采用肯定语气，表述成已经发生的事件，传递给信息接收者。而信息接收者在对信息进行解码时，产生错觉，先入为主地认为事件已经存在，并且将该事件作为条件，进行推论。如爹和儿子对话时，爹说："我想给你找个媳妇……这个女孩子是富豪的女儿！"其实此时，爹就此事并没有取得富豪的认可，这件事当然是不存在的。但是爹以肯定的语气表明该事件已经存在，等待儿子进行决定，儿子听到该信息后理解为现在有一个女孩子，是富豪的女儿，问他是否愿意娶。这体现了信息输出者沟通的技巧。此外，非正式的沟通渠道营造的近距离氛围也在一定程度上使信息接收者减少防备意识，对于成功沟通有一定的作用。

总之，沟通无处不在，沟通效果不仅取决于我们如何说，还取决于我们的话如何被人理解。成功的沟通往往是那些能抓住对方心理，掌握沟通过程各要素的积极作用并恰当运用沟通技巧的沟通。

在中国传统农业向现代化农业转型的大背景下，农村管理需要那些善于沟通，能把握机会、整合资源的新型农村管理者。

三、管理沟通与农村管理工作

（一）管理沟通在农村管理工作中的作用

1. 沟通在农村工作中的地位

为顺利开展农村工作，村领导必须深入群众，从群众的一言一行中了解群众的需求，获得他们对于一些政策与管理方法的态度，并积极听取群众的意见和建议，为更好地开展农村工作、解决农民问题打好基础。

2. 沟通是村领导与群众建立联系的桥梁

村领导要实现服务职能，就必须保持与广大群众的沟通互动，与基层群众架起联系的桥梁。

新的社会管理方法在实施过程中，会因村民的不了解而导致不支持的结果，甚至产生抵触情绪，比如土地流转、农村合作社、发展观光农业等，这时就需要村干部沉下心去做工作，面对面与群众的沟通交流，广泛地听取群众的意见，通过各种渠道向群众宣传新的社会管理方法的各种好处，多向群众做沟通解释工作，把群众的疑惑说清说透。沟通是这种互动过程的重要方面，无论村委内部、与其他村干部之间，还是与群众之间都离不开有效的沟通。

案例1-2

在村镇规划中，某村道路需扩宽，有几户群众有抵触情绪，阻挡施工建设，其中有一户是村主任的自家大伯。

村委会领导分头到这几户人家进行耐心细致的沟通交流，了解这几户群众产生抵触情绪的原因，原来是群众担心政府许诺的赔偿金额不能兑现。村委会领导向他们讲明政策和利害关系，并且村主任以自己大伯家为突破口，首先做好拆迁工作，同时积极争取并及时解决了拆迁赔偿款，使得僵持的工作得以顺利进行。

3. 沟通是有效传达国家政策方针、积极落实国家惠农政策的重要方式

近年来，党中央、国务院和各地省委、省政府相继出台了一系列惠农政策，需要村务管理人员把这些政策传达给老百姓。

对于信息闭塞的农村、农民来说，村领导必须采取有效措施与农民积极沟通，及时传达国家和省（区、市）及地方各项政策，使广大村民及时了解和掌握有关政策。村领导只有通过与群众之间的有效沟通，才能了解农村的实际情况，把各种情况了然于胸，为落实各项政策打好基础。同时，农民群众的要求、愿望也通过广大农村干部传达给政府，使政府掌握第一手材料，根据人民群众的要求愿望制定、修改有关政策。

案例 1-3

新型农村合作医疗制度（以下简称新农合制度）刚刚在某些村户推行时，很多农民认为是上级又在变相地向大家收钱，很多人不愿意加入。经过村领导耐心细致地讲解，一部分人响应号召加入新农合，一部分人持观望态度，经过后来实际受益人群的宣传，全村人第二年都加入了新农合。

4. 通过沟通，促进与兄弟村的共同发展

村委会成员去先进的地方取经，与这些先进地方的村领导沟通、交流，学习他们的管理方法和新的思路。

从一定意义上讲，管理的功能是通过沟通实现的，管理离不开沟通，沟通渗透于管理的各个方面，沟通说服既是管理的手段，更是管理的本质。沟通是村务管理者开展工作的重要手段，良好的沟通是村组织内部协调一致的重要基础，是组织贯彻、落实、完成其目标的必要条件。

（二）管理沟通在农村工作中的地位

当前我国农村既处于发展的重要战略机遇期，又处于社会矛盾凸显期，基层管理领域存在的问题还不少。

随着我国农业发展方式、农村组织结构和农村经济结构的深刻变革与调整，生产经营主体由集中趋向分散，利益主体多元化，利益格局复杂化。

农民群众的思想观念也相应地发生了很大的变化，利益诉求意识日渐觉醒。农民群众开始通过各种方式，以前所未有的意志和激情来反映自己的意见和建议，表达自己对利益、权利的诉求。但是，由于一些地方的农村基层组织不够健全甚至软弱涣散，农村的民主制度没有很好地建立起来，基层领导者的思想观念、文化素质和领导管理能力又与农村建设发展的要求差距较大，发展目标不明确，动员服务能力和社会管理能力不强，从而导致部分农民群众对农村的民生问题和建设发展问题意见比较多，加之农民群众意志表达和权利诉求的渠道不畅，民情民意无处宣泄，群众的智慧和热情未能得到集中和引导。村民与村民之间、村民与村干部之间、村民利益与国家和集体利益之间的各种矛盾与冲突时有发生，农村管理沟通缺少科学性、合理性、有效性。这一切使得农村社会发展的内在动力明显不足，农村社会基础的稳定性受到了不同程度的影响。这对于建设社会主义新农村，构建社会主义和谐社会非常不利。解决农村管理领域存在的问题既要增强紧迫感，又要长期努力，加强沟通，全面提高农村管理科学化水平。

要化解农村新出现的这些矛盾和问题，改变农村社会管理不善的现状，就必须在科学发展观的指导下，从制度层面进一步思考和探索农村社会管理体制的改革创新问题，把以提高农村社会管理水平、强化农村发展内生动力为目标，探索构建地方党委、政府与乡村自治组织以及农民之间良性互动关系的有效体制，提供民意表达的机会和平台，畅通农民利益诉求的渠道，形成科学有效的问题解决机制，当作现阶段农村社会管理工作中需要着力研究的重要课题来对待。正是在这样的社会历史大背景下，为适应农村发展和农民群众实际需求，管理沟通在农村工作中占据举足轻重的地位。

项目二　农村工作与管理沟通的特点

一、农村工作的特点

农村工作的特点可以概括为"上面'婆婆'多、下头'眼睛'多、事情烦琐、道理难讲。"

1. 上面"婆婆"多

村委会作为全国最基层的组织，接受着上级多个单位和部门的领导和指导。用一句话来说就是，谁都可以管，谁都不敢得罪。"婆婆"多不可怕，怕就怕各位"婆婆"的口径不一致，要求不一样，造成工作无所适从。"婆婆"多也有好处，最明显的就是当工作遇到困难时，可以向众多的"婆婆"求助，请求各位"婆婆"帮忙。如何才能让这些"婆婆"愿意帮忙，这就要看村领导如何与上级主管部门进行沟通。

2. 下头"眼睛"多

党的农村政策具有普惠性、普管性，涉及农村千家万户。很多工作都需要干部挨家挨户地去宣传，去动员，去落实。毛泽东同志说过，"群众的眼睛是雪亮的"。在农村工作中，这种来自群众的监督是无时不在、无处不在的。所有的工作到了这个层面都必须进行深入细致的宣传，真刀真枪地实干；所有这个层面的干部，都必须进入工作一线，身体力行地抓工作。

3. 事情烦琐

在农村，老百姓一般不太在乎国际大事，但对庄稼缺水、蔬菜生病、小孩升学、新农合如何补贴等琐事都会非常在意。这些事放在全国、全省的大局中都是小事。但放在农村，就农民而言，就是关乎农家一片天。往大了说，也就是张三粮食丰收，李四小孩升学等这一桩桩、一件件小事，累积成了全国粮食增产增收，国民素质提高增强这样的大事。

4. 道理难讲

大家都清楚，通过讲道理，讲政策，讲法律来做好工作，是最轻松的，但一个很重要的前提是，对方得听得懂，听得进。当前农村的实际情况是，虽然已经普及了免费的义务教育，大学近年也在扩招，但现在农村主事、干事的人，大多数文化水平还不是太高。由于农村青壮年大多外出打工，常住人口大多以妇女、老人、婴幼儿为主，农村工作对象的知识水平、认识水平有限，不是讲道理，讲政策，讲法律就能完成工作任务的。

针对上述农村工作的特点，村干部如何做好上通下达，掌握一些沟通技巧尤为必要。

与农民打交道，必须摸清农民的特点，运用恰当的方法，掌握与农民沟通的技巧，做到人格互尊、感情互通、思想互融、关系互动，才能实现效果共赢的目标。

二、农民的特点

1. 我国农民文化素质整体偏低

虽然现在我国普遍实行九年义务教育，有些地方高中也纳入义务教育，但是相对而言，我国农民的文化素质还是较低，尤其是现阶段大部分受过教育的青壮年劳动力进入城市打工，从事农业生产的劳动力以中老年人为主，这部分劳动力多数文化素质较低，传统观念重，墨守成规，难以接受新事物和新技术，因此与之交流沟通更加困难。

2. 沟通渠道的相对狭窄

虽然当今社会已经驶入信息时代，但对于我国很多农村地区来说，信息传播和沟通渠道依然较狭窄，现在最方便快捷的网络沟通还没有在农村广泛普及，所以与农民沟通时必须注重传统沟通渠道，采用村广播、村民聚会讲座，以及挨家挨户交流沟通等方式，在提高信息强度的同时，注重信息传播的广度与信息传播的频率。

3. 传统观念浓厚，情感依赖性强

我国农民群体居住生活形式还是以自然村或社区为主，群体地缘关系和亲缘关系十分紧密，家族传统观念依然很浓厚。农民群体在同一村或同一家族的情感依赖性强，感情纽带的作用显著。这样在与农民沟通和开展工作时就要充分考虑和合理利用他们这种情感。

4. 农业劳动者具体情况的多样性

我国是传统的农业大国，是全世界农业人口最多的国家。受各地不同自然资源、文化传统和风俗习惯等的影响，以及不同地域农民各自的经验水平、接受能力等的较大差异，农业劳动者的具体情况复杂而多样。与农民沟通需要因地、因时、因人采取不同的方法和策略。

三、农村管理沟通的特点

1. 沟通建立在双方平等的基础之上

农民群众生活在社会最基层，社会地位最低微，感情最脆弱，神经最敏感，最易受到外界触动，最怕受到外界刺激。因此在与农民沟通时，要学会换位思考，即心理换位、身份换位、角色换位、行为换位，站在农民的角度考虑问题，把农民的事当作自己的事办，真正为农民服务，同时从衣着、穿戴、语言、举止等方面入手，拉近与农民群众的心理距离、感情距离和身份距离，让农民从感情上接受你，内心里相信你，行为上靠近你，愿意和你说知心话、掏心窝子的话，建立起一种平等互信关系是沟通的基础。

2. 沟通使用通俗的语言

与农民沟通，就要多用农民群众常用的语言，即大众化语言，绝不能语言晦涩，只有自己能懂，受众听不懂，弄不明白。在沟通前，要事先了解一下该地的风俗、民俗，交流时，要更多地使用当地农民经常使用的俗语、俚语和地方方言，给人以亲近感、亲切感，所用语言，双方都能听得懂，听明白，才不会在理解上产生歧义。

案例1-4

有一官员下乡，问父老曰："近来黎庶如何？"父老曰："今年梨树好，只是虫吃了些。"

思考

1. 产生这种结果的原因是什么？
2. 农村工作中，你认为以什么样的方式沟通更有利于工作顺利完成？

3. 沟通采用开放性的方式

与农民沟通，不能圈框子和定调子，要让农民选择适合自己的沟通方式和表达方式。一问一答提问式的沟通，虽有很强的针对性和可操作性，但却忽略了农民的感受，给人以审问似的感觉，禁锢了农民思想的表达、感情的流露，不可能获得更多有价值的信息。

4. 沟通保持双方互动性

沟通是一个思想感情双向互动的过程。与农民沟通时，在确定沟通主题的前提下，适当加以思路的引导，让其沿着主体脉络，充分表达思想感情，并认真倾听，辅以微笑、点头等肢体语言，适时表达亲近感和认同感，增强其信任感。在沟通过程中，切不可紧锁眉头，东张西望，低头看表，当着农民的面接打手机，表现出没耐心、不耐烦，给农民思想表达造成心理障碍，给人以不愿倾听的误解。也不能高谈阔论，只顾自己喋喋不休，说个没完没了，淡忘角色，冲淡主题；又不能不加引导，任由对方漫无边际地神侃胡聊，抓不到主题，获取不到有重要价值的信息，达不到沟通的预期效果。要根据确定的目标，找准沟通的切入点和突破点，实现由心理上的互认、情感上的互信、思想上的互融到关系上的互动。

案例 1-5

某小山村，全村地势北高南低、东高西低，2013 年 9 月接上级通知全村小街巷修路，户户通。当施工到村中一个胡同时，遇到障碍，胡同四户村民与施工队发生了争执。按照该村地势，该胡同为南北走向，整地基时，东户为了降低坡度，用沙子垫高了一米左右，当时西户不在家，铺路面时西户回来了表示不愿意，让施工队停止施工。村主任了解情况后，将四户召集到一起，控制好村民激动的情绪，然后心平气和地讲解修路后给大家带来的好处，四户村民都表示修路好，应该支持，但如何修还是达不成一致。村主任又分别与东西户进行具体沟通，要求双方换位思考，并针对双方具体的情况给予帮助，最后以东户下落半米，给西户两家铺排水管道从而顺利地解决问题，四户人家都比较满意。

四、与农民沟通的有效方法

农村工作十分复杂，结合农村工作以及农民的特点，要实现有效沟通，消除沟通障碍，在实际工作中，可以通过以下几个方面来努力。

1. 态度真诚，拉近与农民的距离

在农村，面对老百姓，往往"以情动人"比"以理服人"更有效。与农民沟通时，要在地位平等的基础上，表现出朴实、诚恳、谦虚、热情的态度，要入乡随俗，放下架子，深入农民家中，与农民拉家常，拉近与农民的距离，参与农民的生产生活，用实际行动取得农民的信任，做农民的知心朋友。试想，如果在与农民沟通时只看到农民文化素质低，只想着农村条件差，从心底瞧不起农民，不是以一种平等的心态对待，那如何能够与农民有效沟通，顺利开展工作呢？

2. 换位思考，关心农民关心的问题

要站在农民的利益角度说话，和农民朋友共同探讨其所关心的问题，了解农民生产和生活需要，关心农民疾苦，帮助农民解决遇到的实际问题。

我国农民是十分朴实的,他们关心的无非是希望自己的庄稼作物长势好,产量高,收成好。只有真正去了解农民的诉求,站在农民的利益角度说话,才能得到农民的认同,才能更加有效地实现沟通。

在此基础上去了解农民究竟要什么,生产中有什么问题,把百姓生活、生产上的困难看在眼里、记在心里,与上级有关部门沟通,拉资金,想办法,切实解决群众困难。在如今市场经济条件下,农民遇到了更多的问题,不仅要学习掌握不断更新的生产技术,提高农作物的产量和质量,还要关注市场,了解市场导向,否则就会出现增产不增收的怪现象。通过新闻报道我们也可以知道农民们卖粮难、卖菜难的现象有时发生,这正是由于农民不懂市场导向造成的。农民现在最关心的正是这些,所以和农民沟通时不仅要向农民提供先进的、实用的生产技术,还要告诉他们可靠的市场信息。也就是农民需要什么就提供什么,这样才能帮助农民致富增收。

3. 具体问题具体分析,不同群体区别对待

不同的农民有不同的心理特点,有的农民乐于接受新事物,敢于冒险,勇于创新,渴求新知识;有的农民习惯被动接受,既对新技术、新事物感兴趣,又害怕承担风险,总是想在一边旁观,在别人取得好效益后才敢于去尝试;有的农民依赖性强,缺少主见,喜欢随大流,从众心理严重;有的农民因循守旧,恪守老传统,不愿变革,排斥新事物。所以在沟通时就要具体分析不同农民的心理,采用不同的沟通方法,不能一概而论。方法无定则,交流无定律,沟通无定式。要想取得事半功倍的效果,就需要采用好的方式和方法。与农民沟通,决不能圈框子、定调子,要选择适合不同特点农民的沟通方式和表达方式。

4. 拓宽渠道,保证信息的双向沟通

与农民沟通的渠道相对狭窄,所以就要努力拓宽沟通渠道,采取不同的沟通方式,例如讲座、广播、家访、海报等,充分利用各种方式和渠道,让农民更多更真切地了解信息。农民只有充分了解了才会明白你想要传达的目的。有条件的安装电子宣传屏和电视机,滚动宣传各项惠农政策,村镇设置惠农政策宣传栏、公示栏,增加政策透明度。把惠农政策宣传作为一项长期性的工作,抓紧、抓好、抓出成效,采取入户宣传、张贴标语和横幅,利用座机语音、手机短信、广播、召开会议等多种形式,大力宣传中央一号文件精神和党的各项惠农政策,在全村营造浓厚的宣传氛围。

5. 有效倾听，提高沟通的技巧

有效的倾听能增加信息交流双方的信任感。要做农民的知心朋友，要了解农民的诉求，首先就要学会倾听。良好的倾听是有针对性诉说的前提。

要克服沟通的障碍必须注意以下心理因素的作用。首先，在沟通过程中要认真感知，集中注意力，以便信息准确又能及时地传递和接收。其次，培养稳定情绪和心理的能力，创造一个相互信任、有利于沟通的小环境，有助于人们真实地传递信息和正确地判断信息。沟通是一个目的，也是一种方法，提高沟通技巧十分必要。

案例 1-6

一条街上有三家水果店。一天，有位老太太来到第一家店里，问："有李子卖吗？"店主见有生意，马上迎上前说："老太太，买李子啊？您看我这李子又大又甜，才刚进回来，新鲜得很呢！"没想到老太太一听，竟扭头走了。

店主纳闷着，哎，奇怪啊，哪里得罪老太太了？

老太太接着来到第二家水果店，同样问："有李子卖吗？"第二位店主马上迎上前说："老太太，您要买李子啊？""啊。"老太太应道。店主回答："我这里李子有酸的也有甜的，那您是想买酸的还是想买甜的？"老太太说："我想买一斤酸李子。"于是，老太太买了一斤酸李子就回去了。

第二天，老太太来到第三家水果店，同样问："有李子卖吗？"第三位店主马上迎上前说："我这里李子有酸的也有甜的，那您是想买酸的还是想买甜的？"老太太说："我想买一斤酸李子。"与前一天在第二家店里发生的一幕一样，但第三位店主在给老太太称酸李子时聊道："在我这买李子的人一般都喜欢甜的，可您为什么要买酸的呢？""哦，最近我儿媳妇怀上孩子啦，特别喜欢吃酸李子。""哎呀！那要恭喜您老人家快要抱孙子了！有您这样会照顾的婆婆可真是您儿媳妇天大的福气啊！""哪里哪里，怀孕期间当然最要紧的是吃好、胃口好、营养好啊！""是啊，怀孕期间的营养是非常关键的，不仅要多补充些高蛋白的食物，听说多吃些富含维生素的水果，生下的宝宝会更聪明些！""是啊！那哪种水果含维生素更丰富些呢?""很多书上说猕猴桃含维生素最丰富!""那你这有猕猴桃卖吗?""当然有,您看我这进口的猕猴桃个大汁多,富含维生素,您要不先买一斤回去给您儿媳妇尝尝!"这样,老太太不仅买了一斤李子,还买了一斤进口的猕猴桃,而且以后几乎每隔一两天就要来这家店里买各种水果。

[链接 1-3]

提高倾听的技能,可以从以下几方面去努力。

1. 真诚地倾听;

2. 做出倾听的身体语言,例如目光接触,展现赞许性的点头和恰当的面部表情;

3. 要有耐心,不要随意插话,不要妄加批评和争论;

4. 积极地接受新信息,适当地进行反馈,积极地参与决定。

总之,态度要诚恳、真挚,尊重对方。

6. 准确表达,语言通俗易懂

语言文字运用得是否恰当直接影响沟通的效果。使用语言文字时要简洁、明确,叙事说理要言之有据、条理清楚、富于逻辑性;措辞得当、通俗易懂,不要滥用辞藻,不要讲空话、套话,少用专业性术语。可以借助手势语言和表情动作,以增强沟通的生动性和形象性,使对方容易接受。与农民交流时必须考虑他们的文化素质,用农民的语言来和农民交流。用词一定要简单实用、通俗易懂,易操作,不要咬文嚼字,更不要过多地给其讲解纯理论性的学术问题。

案例 1-7

有一个秀才去买柴,他对卖柴的人说:"荷薪者过来!"卖柴的人听不懂"荷薪者"(担柴的人)三个字,但是听得懂"过来"两个字,于是把柴担到秀才面前。

秀才问他:"其价如何?"卖柴的人听不太懂这句话,但是听得懂"价"这个字,于是就告诉秀才价钱。秀才接着说:"外实而内虚,烟多而焰少,请损之。"(你的木柴外表是干的,里头却是湿的,燃烧起来,会浓烟多而火焰小,请减些价钱吧。)卖柴的人因为听不懂秀才的话,于是担着柴就走了。

> [链接 1-4]
> 沟通的"多"与"少"
> 少说抱怨的话，多说宽容的话。
> 少说讽刺的话，多说尊重的话。
> 少说拒绝的话，多说关怀的话。
> 少说命令的话，多说商量的话。
> 少说批评的话，多说鼓励的话。

作为农村基层工作人员，在具体的农村工作中，上与乡镇党委、政府联系，下为人民群众服务，与群众能否沟通，沟通是否有效，都直接关系到工作效率的高低和党的政策传达的好坏。因此与群众的沟通就显得十分重要，它始终贯穿于农村工作的全过程。

与农民沟通最简单且最重要的就是尊重农民，关心农民。只有尊重农民，才能得到农民的尊重，用心去关心农民，才能得到农民的关心。倾听民声、体察民情，相互沟通、增进了解，抓住农民沟通的特点，找到与农民交流最有效的方法，只有不断地改进沟通方法，克服沟通障碍，才能使沟通达到最佳效果，工作产生最大的效益，更好地促进农村发展。

能力测评

沟通能力自我测试

阅读下面的问题，快速选出你认为最合适的答案。

1. 在和别人交谈的时候，是否觉得自己的话常常不能被人正确理解？
①常常是　②有时是　③很少

2. 在与自己观点不同的人交流时，你是否会觉得对方的思想很怪异呢？
①从不　②有时是　③经常是

3. 在与人谈话的时候，如果你对正确理解别人的观点没有把握，你是否会请对方明确解释？
①总是　②很难说　③一般不会

4. 你在开会或上课的时候,能否专心听讲?
①一般会　②很少　③几乎不

5. 如果你的同事或同学对一个你看起来很无聊的笑话大笑不止,你会觉得他(她)无聊吗?
①会　②难说　③不会

6. 如果别人在回答你的问题时很含糊,你会重新把自己的问题再说一遍吗?
①会　②有时会　③不会

7. 开会时,老板(老师)说出了一件错误的事情或者根据错误的信息得出了一个错误的论点,你会站出来反对吗?
①经常会　②偶尔会　③不会

8. 在一次会议中,有人反对你的观点,你认为他(她)是反对你这个人本身吗?
①不是　②可能是　③一定是

9. 在通知别人一件事时,你喜欢用发手机短信或微信的形式代替打电话吗?
①喜欢　②无所谓　③不喜欢

10. 你不同意一个人已经发表的谈话内容时,是否还会认真听下去?
①是　②难说　③不会

得分指导:

1. 每个问题选择①得2分,选择②得1分,选择③得0分。

2. 总分在0~12分,说明你的沟通能力较差,必须加强这方面的学习。

   总分在13~16分,说明你的沟通能力一般,仍需继续学习和锻炼,不断提高自己。

   总分在17分以上,说明你的沟通能力很强。

这个评价并不是对你的沟通能力的一个准确衡量,而是一种定性的评估。你的得分表明你目前的沟通能力,而不能表明你潜在的沟通能力。只要不断学习,积极实践,就一定能够提高自己的沟通能力。

思考与分析

1. 什么是沟通?

2. 简述沟通的过程及影响沟通效果的因素。

3. 简述沟通对农村工作的重要作用。

4. 结合一次自己曾经与群众沟通成功或失败的经历,谈谈在农村管理工作中成功沟通的经验或需要注意的问题。

模块二

农村组织的管理沟通

一个人必须知道该说什么，一个人必须知道什么时候说，一个人必须知道对谁说，一个人必须知道怎么说。

——现代管理学之父德鲁克

[案例导入]

土地流转是国家发展适度规模经营的现代农业的必由之路，但农民根深蒂固的土地情结以及不法人员的投机取巧使这一政策的推广受到一些阻力。某村的许多农民曾因不法人员借土地流转之名，被骗了几万元。2017年，当地农科院调研后发现该村土地优良，适合做规模土地经营，可以通过土地流转带领村民致富。但村民抵触情绪严重，村支书与村民几次沟通还没开口就被赶出了家门。

村民A说："我们农民辛辛苦苦种地挣几个钱，因为土地流转被骗得这么惨，土地流转就是骗人的！"村民B说："土地是我们农民的根，不让我们种地，我们吃什么，喝什么？"

如果你是村支书，该如何与村民们沟通，需要从哪几个方面和层次着手？

思考：

请分析该村支书应与农民如何对话，并作出评价？

项目一　如何与领导沟通

一、农村管理中上行沟通概述

1. 上行沟通的含义

上行沟通即自下而上的沟通，指信息从下级向上级传递的过程，如下级向上级反映问题、请示报告等。上行沟通一方面是管理者了解下级意见、想法和建议的渠道，另一方面又能加强与下级的沟通和管理。上行沟通效果如何关系到沟通能力的表现，又影响到个体的发展前途。

农村工作中，上行沟通可以为村民参与管理提供机会，减少村民因不能准确理解下达信息造成的失误。此外，有效的上行沟通对形成良好的管理氛围和村庄文化有积极作用。

农村基层组织作为我国政府机构的最基层组织，服务于数量最多的农民群众。在农村工作中，上要与乡镇政府及其他上级单位联系，下要服务于群众，起着承上启下的关键作用。能否有效地将村民反映的问题、村民的思想情况汇报给上级政府关系到农村基层的稳定及新农村建设成效。

在村务管理中，上行沟通主要包括村民向村委反映生产生活中的问题、建议；村组织在倾听民声、体察民意的基础上，就有关问题向上级政府请示汇报、反映问题；村组织就有关本村发展的重大问题向上级有关单位反映。

2. 上行沟通的途径

上行沟通主要有两种形式：一种是层层传递，即依据一定的组织原则和程序逐级向上级反映。在村务管理中，村组织接收到的群众信息往往是第一手资料，是最真实的意见。二是越级传递，即下级越过中间层级，直接向决策者反映。越级沟通是把双刃剑，利用不当即是对直接领导的不尊重，又会给上级留下负面印象。因此，越级沟通应谨慎行之，把握好时机和方法。

二、农村管理中上行沟通的技巧

1. 学会倾听

在农村管理中,学会倾听民意是进行有效上行沟通的第一步,也是农村工作的基础。只有村干部真正了解了群众的意见,才能做到心中有数,将群众反映的情况简明扼要地传递给上层管理机构。

作为基层管理者,当上级将某项工作交给你去执行时,你首先要了解这项工作是什么,并要尽可能地多了解一些具体信息。这时,可使用5W2H的方法快速记录上级传达的信息。

[链接 2-1] **5W2H 记事法**

在传递信息时,明确信息的时间(When)、地点(Where)、人物(Who)、目的(Why)、需要做什么(What)、怎样去做(How)、需要多少工作量(How)。

---

2. 及时确认

当理解把握住任务的信息要点后,应快速整理,并简明扼要地向上级确认,这种习惯可以使我们提高把握信息的准确度,避免出现低级失误。

3. 学会申请援助

上级领导拥有更多的资源和权力,因此,应及时预见到工作中可能碰到的困难,提前告知上司,争取到更多的支援和帮助。

4. 制订详细计划

领导下达命令后,往往会关注下级的解决方案。这时,下级应简洁清晰地向领导陈述,并制订出详细计划,规划时间进度,并向领导明确这类信息,以便领导对工作提出建议及实施监控。

(1) 随时汇报与阶段汇报密切结合 为了更好地取得领导支持,使领导清楚工作进展、工作过程中已经取得的成效、遇到的困难,可使用随时汇报与阶段汇报相结合的方式汇报工作。阶段汇报的内容应注意逻辑性,与前后工作的衔接,汇报时语言简明扼要。这种方法既能帮助我们克服工作中的障碍,又有利于与上级的情感沟通。

(2) 及时提交工作总结 工作总结是常用的上行沟通的书面形式,每项工作完成后,都要及时总结工作的经验教训。首先要肯定工作中团队的表现,然后要恰当地提及上级的正确指导,最后总结一些不足之处,可以依据自己的工作特点和个人喜好适当调整。

5. 正确处理与上级的矛盾冲突

上级的工作权限决定了他对你的重要影响。一旦你们出现了矛盾,也许你会觉得无从应对。这时你要注意以下方面。

(1) 尊重上级 尊重上级是在任何情况下必须遵守的沟通准则。虽然你们之间出现了矛盾,但依然要对领导有基本的尊重。注意自己说话的分寸,给领导留够情面。对于一个明智的领导,他会很欣赏你的气度。

(2) 学会说服上级 当你获得的信息和领导的决策相冲突时,就要尝试着说服上级。

① 要把握说话的时机。时机的选择至关重要。要选择领导心情比较好,工作不太繁忙,思路比较清晰时陈述你的想法。

② 把握好说话的方式。依据领导的性格特征,来决定说话的方式。有的领导性格比较温和,很注重自我形象,提议时你需要委婉一些,注意措辞得当。如果你的上司比较豪爽,就不妨直截了当地说出你的想法。

③ 注意说服技巧。在阐述你的想法时,要学会用数据说话。数字材料最直观,也最有说服力。阐述时一定要自信,表述简洁,并且对领导可能提出的疑问做好充分的准备,不会让上级认为那只是你一时头脑发热的结果。同时要留给上级充分的考虑时间。

[链接 2-2] 农村管理中上行沟通四部曲

农村管理中,达到高效上行沟通要注意以下几点。

1. 了解

在向上级反映问题时,首先应把问题了解清楚,包括问题的起因、可解决的办法、影响等,只有把问题了然于心,才能有条理、逻辑清晰地将问题表达清楚。

2. 准备

为更好地做好工作汇报,最好在与上级沟通之前应做好一份提纲,并可以使用数据来充实汇报内容。将可能用到的资料详尽、有条理地准备好,以备不时之需。

3. 选择

由于农村管理中遇到的问题千变万化，不可能只使用一种沟通方式。因此在沟通时要选择适当的方式、适当的时机、适当的地点。

4. 态度

与上级领导沟通时要尊重领导，但不要虚而不实地吹捧。请示是一种重要的形式，请示可以得到领导对于某件事的看法。在沟通时，应积极主动而不越权。面对领导表现应自信，不卑不亢。

[链接 2-3]　上级管理者管理风格类型分析

著名管理学家伊查克·爱迪斯在《把握变革》一书中根据领导者的思维特征和行为方式，将管理风格分为四种类型：创新型（E）、官僚型（A）、整合型（I）、实干型（P）。不同的管理风格对应不同的沟通策略。

1. 创新型领导者

创新型领导思维活跃，性格外露。他们对某个观点的态度表达明确。他们具有全局观，思考问题非常迅速，并且是非结构化的。他们往往喜欢从自己出发思考问题，关注"告诉对方我为什么要这么做"，却较少考虑对方会怎么想。

创新型领导不喜欢约定时间，当某个想法出现时希望能够立即去做。他们没有固定的工作时间的观点，往往在下班后，还会打电话安排工作。

2. 官僚型领导者

官僚型领导喜欢结构化的模式和风格。他们注重时间约定和工作过程。例如，在与人约会前会打电话预约。在面对问题时，他们会细心规划整个事件的处理过程，认真分析可能出现的各种可能。官僚型领导非常谨慎，不会轻易就一个事情做出决定。因此，他们做决策比较慢。在工作中，他们会考虑对方会说什么，思考他们所主张的观点是什么。因此，当他们与具有创新精神的创新型人的观点发生冲突时，情况比较棘手。

3. 整合型领导者

整合型领导处事灵活，能够根据不同情景采取不同措施。他们对人比较敏感，很看重沟通过程，比较注重各种关系的平衡。在没有弄清一个事件的全局时，是不会做出决策的。他们注重上层领导的想法，不愿意主动做出决策。他们总是希望能够平衡各方面的关系。

4. 实干型领导者

实干型领导思考问题具有结构化的特点。他们"说一是一、说二是二"，直接迅速，并注重细节。他们的反应非常迅速，急切想将工作完成，他们不喜欢他人干事拖拖拉拉，拖泥带水。但同时，实干型领导常常过于追求速度，而忽略了工作质量。

不同风格类型的领导在语言表达方面有各自的特点，如下表。

类型	特征	"是""不是"含义
创新型	全局观、迅速、非结构化风格	是—也许 不是—不
官僚型	结构化风格、动作慢、关注过程和细节	是—是 不是—也许
整合型	动作慢、非结构化、全局观	是—也许 不是—也许
实干型	动作快、结构化、关注细节和结果	是—是 不是—不

对于创新型领导，比较注重事情的处理过程，希望自己的观点能够参与进来，因此应让领导看到问题的处理过程。可使用如"我建议……，我一直在想……您怎么认为？"类似的表达方式。

与官僚型领导沟通，应了解"方法比内容重要"的原则。应该努力去适应他的风格，并十分注重形式。沟通时速度放慢，稳定情绪。

与整合型领导沟通，应把问题的相关材料都准备好，把可能承担责任的问题处理好。

与实干型领导沟通，要注重主动性。提出问题时，直接从结果出发。

项目二　如何与村民沟通

一、农村管理中下行沟通概述

1. 下行沟通的含义

下行沟通指信息从组织结构的高层传递到底层，也就是上级传递信息到下级中。在农村管理中，即村组织传递信息给群众。

下行沟通是最重要也是最常用到的沟通形式。组织的管理决策、规章制度、工作任务和要求等都需要通过下行沟通的形式传递。在农村管理中，如何将成文的条文、上级政策通俗易懂地传达给群众，也是下行沟通需要研究的问题。

在政府职能逐渐由管理向服务转变的形势下，若要干好农村管理的工作，必须深入基层群众、扎根农村，而与农民群众的沟通则是实现这一目标最好的途径。

下行沟通适用于村干部的每一项工作，包括在日常工作中加深对党员和村民思想、工作和学习情况的了解；完善村规民约；通过沟通讲解，为群众致富带来新思想、新点子、新路子；宣传贯彻党和国家路线、方针、农村政策；教育引导群众自立自强；调解村民纠纷，维护基层稳定等。没有有效的下行沟通，农村工作就无法开展，可以说，下行沟通是村干部干好工作最重要的基础。

[链接 2-4]　村党支部书记职责

1. 负责召开支部委员会和党员大会，传达、贯彻、执行党的路线、方针、政策和上级党组织的指示、决议，研究部署党支部的工作，讨论决定本村的重大问题。

2. 组织实施并督促检查党支部工作计划、决议执行情况，定期向支部委员会、党员大会和上级党组织报告工作。

3. 了解和掌握党员的思想、工作和学习情况，做好经常性的思想政治工作。

4. 经常深入实际，密切联系群众，认真听取干部和群众的意见和要求，帮助他们解决思想问题和实际困难。

5. 组织和带领全村党员干部和群众大力发展农村经济，脱贫致富奔小康，搞好精神文明建设，建设富裕文明的社会主义新农村。

6. 主持召开村支部和村委会联席会议，协调好关系，与村委会干部密切配合，互相支持，充分调动各方面的积极性。

7. 抓好村党支部和村委会班子建设，按时召开民主生活会，组织并督促班子成员认真学习政治理论，遵守党的纪律，发扬党的优良传统，增强班子的凝聚力和战斗力。

2. 下行沟通的形式

下行沟通包括口头沟通和书面沟通。书面沟通通常为政策法规、规章制度、管理要求等比较正式和严肃的内容。通常包括下达某项通知、村民自治章程、计划生育村民自治细则等。这种沟通形式较为正式，传播内容不宜扭曲，逻辑性强，条理清晰，但这种方式传递速度较慢，不宜反馈。口头沟通包括领导直接下达工作指示和命令，传递组织精神，调解村民纠纷，宣传致富经验，讲解国家政策等。相较书面沟通，口头沟通应用在农村管理中的范围更大，效果更明显。

3. 下行沟通的作用

在政府职能由管理向服务转变的过程中，下行沟通起着重要作用。

（1）下行沟通是政府了解农村群众的渠道　群众路线告诉我们，要做好农村工作，一定要从农民群众中来，到农民群众中去。只有切实了解村民的真实需求，获得村民详尽的资料和及时地反馈信息，才能找到农村发展的瓶颈、农民生产生活中的困难，才能更好地展开农村工作。

（2）真诚有效的下行沟通可以增进群众对政府的信任，有助于基层的稳定　当政府做到全心全意为人民服务时，群众才能放心地跟着党和政府走。政府与村民之间真诚、信任、相互尊重的良好关系得益于有效的基层互动。

（3）下行沟通可以更好地贯彻国家政策法规，带领群众走向致富道路。

虽然现在已是信息社会，但由于农民群众自身认识和文化水平的限制，对于一些惠农政策、致富政策不能正确地认识。因此村干部对国家政策耐心细致的宣传对广大农民及时掌握国家方针政策具有十分重要的作用。

案例 2-1

作为××县农村治理保障体系"3+4"体系的一部分，通过公开组织考选，政府为各村共配备了220名便民服务专职代办员。这些代办员主要代群众办理涉及农村各项补贴申请及民生、计生等各类便民服务事项，他们的手机24小时开机，将百姓需求视作第一要务，在两个工作日就能将这些代办事项处理完成。遇到年龄大、身体不好的村民，代办员要上门服务；遇到补贴发放，必须拍照取证，做到群众放心。代办员的工作切实解决了老百姓口中"门难找、路难跑、事难办"的突出问题，更好地解决了百姓需求。

退休的××县上冶镇民义村村民李兴亮，每年的养老保险年检都要耽误一天时间去县城办理，而今年的年检，不用出村，就有人代办了。"村里的代办员高丽丽通过广播告知大家，需要年检的都可以交到她这里，她送到镇上，然后转到县里年检。"提到代办员带来的便利，老同志不禁竖起了大拇指。

据了解，全县220名便民服务专职代办员共帮助群众办理各类便民服务事项6500余项，办结率达98%，办结答复群众满意率达100%，极大地提高了政府服务满意度，提升了服务形象。

二、农村管理中下行沟通的障碍

1. 对下行沟通不重视

在中国，由于受官本位和传统文化的影响，管理人员通常较注重与上级的沟通，缺少与下级沟通的意识。领导与下属之间单向的、命令式沟通较多。除非有任务，领导不会主动了解员工的需求及工作完成状况。命令式的沟通常常会压抑下级的工作热情和创造性。

官僚主义、形式主义在农村工作中时有出现，也是造成下行沟通不畅的原因之一。村干部不为群众着想，不深入群众中间，造成沟通渠道减少，群众反映问题困难。

2. 沟通方式不恰当

首先，传达工作指示时方式不正确，指示信息不够明确，并用直接命令的方法要求下级。村干部在向村民宣传解读国家政策时，语言生硬，不能够深入浅出，往往造成与群众沟通的不畅。其次，缺少赞美，在传递信息时，缺少人文关怀，使得信息生硬，缺少激励作用。第三，没有适当地应用批评策略。农村事务十分复杂，如果没有适当的批评和惩罚来规范村民行为，往往会造成基层混乱的局面。然而，不恰当的批评不但不能起到应有作用，反而会挫败群众信心，损害群众对村干部的信任。

3. 个性心理原因

首先，知识、素质水平的差异导致沟通不畅。大部分农村群众文化水平有限，对于村干部来说，若不能换位思考，容易造成沟通障碍。其次，有些村干部对农村工作认识不到位，不热爱本职工作，认为村民什么都不懂，沟通了也不起作用。

三、农村管理中下行沟通的策略

1. 正确传达、解读政策

首先，对即将传达的命令有正确的认识，分析其来源及所要达到的目的。在村务管理中，若要向群众传递某项政策或制度，自己需对信息内容先有正确深入的理解，这样才可以用群众所了解的语言将信息正确快速地传达出去。

其次，要保持信息的一致性。传递的信息或者工作指令一旦确定下来，不应随意变动。否则会让群众产生反感，对村干部失去信任。

第三，传递的信息应具体化，避免使用抽象的语言。使用5W2H的方法可使信息具体化。注意信息的可传达性，在传递信息时尽量友善、注意用词，让群众了解工作的重要性、政策的好处，才能使信息及时有效地被接受。还要发挥群众的主观能动性，耐心地解答其对于信息的疑问。

2. 善于倾听群众的意见

好的反馈是成功沟通的基础。没有群众反馈，政府便不了解群众生产生活中的需要和困难，不了解群众对信息的看法、认识和接受程度。因此定时地倾听群众的反馈，走到群众中了解群众的需要，不仅能够激发群众的动力，还能营造和谐良好的管理氛围。

3. 善于赞美激励群众，团结村民

真诚的赞美是这世界上最美的语言之一。赞美不仅是一种沟通方式，更是人们的心理需求，是对他人的肯定，更是团结群众、亲近群众最简单的方式。在赞美群众时，态度要真诚，必须确认赞美的人有该种优点。赞美的内容要具体，要依据事实评价。据研究，在众人面前公开赞扬下级效果最好。但若被赞扬的人表现不能得到大家的认同及公正评价，容易造成不满情绪。

要善于运用间接赞美的方式。间接赞美就是借第三者的话来赞美对方。一般来说，背后的赞美都能传达到本人，这除了能起到赞美的激励作用，更能让被赞美者感到你对他的赞美是真诚的。

4. 恰当地批评群众

运用恰当的批评方式，既可纠正下级的错误行为，又能起到激励作用，获得良好的人际关系。

批评群众需要注意以下几点：首先，注意场合，选择适当的场所。与赞美相反，单独场合里的批评最有效果。公开批评易挫伤下级自尊心，产生敌对心理，破坏上下级关系。其次，批评对方应尊重客观事实。一定要客观具体，就事论事，不要造成人身攻击。第三，注意语言技巧。恰当的语言表达以不伤害下级自尊心为前提，因此表述应引起对方重视。每个人性格都不同，应根据个人特性选择批评表达方式。

5. 学会因人而异，换位思想

农村中群体地缘关系和亲缘关系十分紧密，家族和氏族的传统观念浓厚，同一家族的情感依赖性强，感情纽带的作用显著。因此与农民沟通时就要充分考虑和合理利用他们这种情感。学会换位思想，从群众的角度思考群众的难处、需要。

沟通中，还会遇到不同个性和性格的人，应学会灵活应变，以不同的沟通方式对待不同的人。

6. 尊重群众，以情动人

真诚是打开人心灵最有效的钥匙。作为服务群众的村干部，应尊重群众的生活习惯，贴近群众生活，拉近群众与政府的距离，以情动人，以情感人，创造和谐友爱的社会氛围。

案例 2-2

兴付村村计生专职干事徐霞，总是将群众的事情看得比什么都要重要。住新福村马屋的刘汉，家里有年迈多病的父母，两个上学的女儿，生活本就十分拮据。年初刘汉被检查出已到肺癌中晚期，更是给了这个贫困家庭致命一击。在得知了他的情况后，徐霞立刻放下手头的工作，主动赶到刘汉家，给他做思想工作。那段时间，开导刘汉成了她工作之外的头等大事。整整一个月的时间，徐霞细心地帮他解决心里的顾虑，重新建立起生活的信心，终于，刘汉不再自暴自弃，燃起生活的新希望。

[链接 2-5] 不同气质类型的人格特点

每个个体都是具有独特个性的人，没有两个完全相同的个体。人们面对事情的反应和行为特征与其气质类型有着紧密联系。不同个性的人面对相同事情的反应可能截然相反。了解不同气质类型个体的特点，对下行沟通有着重要意义。

气质是个人生来就具有的心理活动的典型而稳定的动力特征，是人格的先天基础。心理学家根据大量研究发现气质分四种类型：多血质、黏液质、胆汁质、抑郁质。

1. 多血质

多血质的人有朝气、热情、活泼、爱交际、有同情心、思想灵活；但具有变化无常、粗枝大叶、浮躁、缺乏一贯性等特点。这种人活泼、好动、敏感、反应迅速、喜欢与人交往、注意力容易转移、兴趣和情感易变换。中国古代四大名著之一《西游记》中的孙悟空便是这种类型的典型代表。

这类人聪明好动，反应迅速，在村务管理中对于上级的命令能够快速有效地完成。但由于这类人注意力容易转移，兴趣多变，因此应多加管理。对于批评较易接受，因此可使用较直接的方式进行沟通。

2. 胆汁质

胆汁质的人情感发生迅速、强烈、持久，动作的发生也是迅速、强烈、有力。这一类型的人热情、直爽、精力旺盛、脾气急躁、冲动，情绪变化剧烈，易动感情，具有外倾性。《水浒传》中的李逵是胆汁质的典型代表。

这类人讲义气，重情义，与其沟通时可晓之以理动之以情，以平和、真诚的方式与之沟通，使其感受到自己的重要性。胆汁质的人忠诚度较高。在良好的人际关系前提下，较易接受批评，也较易沟通。一旦方式不对，这类人容易情绪暴躁。

3. 抑郁质

抑郁质的人情感的体验深刻、有力、持久，而且具有高度的情绪易感性。他们为人小心谨慎，思考透彻，在困难面前容易优柔寡断；抑郁质的人一般行为孤僻、不太合群、观察细致、非常敏感、表情腼腆、多愁善感、行动迟缓，具有明显的内倾性。《红楼梦》中的林黛玉是抑郁质的典型代表。

在与这类人的沟通中，应以鼓励为主，态度要温和，注意语言表达方式。此类人自尊心较易受伤，批评时尽量使用委婉的方式。

4. 黏液质

这种人安静、沉稳，反应较慢，思维不灵活，言语及行动迟缓、坚韧、执拗，不易转移注意力，心平气和，不易冲动，态度持重，自我控制能力较强，情绪不易外露，善于忍耐，具有内倾性。但较易因循守旧，不易改变，淡漠，稳重但灵活不足，踏实但死板有余，缺乏生气。

这类人常常不易成为焦点，在沟通时，要注意态度，多使用具有感染性的语言，可以激发其动力和工作效率。在与此类群众沟通时，因为黏液质接受能力较慢，因此要耐心、语言要具体。

项目三　如何与同事沟通

一、农村管理中横向沟通概述

1. 横向沟通的含义

横向沟通即平行沟通，指组织中各平行部门之间的信息传递与交流。

大部分指与平级同事之间的交流。平行沟通充斥着工作中的每一个步骤，团队是否合作、工作效率是否高效与平行沟通有密切关系。

村级管理中，横向沟通主要指村组织中各成员之间的沟通、协调与合作，以及村组织与邻村或其他村组织之间的沟通与联系。

2. 横向沟通的作用

快速高效的平行沟通可以提高工作效率，使办事程序简化。有效的平行沟通还可以增进个体之间的友谊，满足个体的情感需要，改善工作态度，创造一个愉快、健康的工作环境。平行沟通还可以弥补上下行沟通造成的不足。与纵向沟通相比，平行沟通能够创造比较轻松的沟通氛围。

横向沟通是为了增强部门间的合作，减少部门间的摩擦，并最终实现组织的总体目标，这对组织的整体利益有着重要的作用。横向沟通担当起组织内部同一层面成员沟通的重任，对加强个体与个体间、群体与群体间的理解，促进其合作和深化感情十分重要。

二、农村管理中横向沟通的技巧

1. 树立平等的观念

和谐的工作关系可以提高工作效率，提高自我工作体验。同事是工作上的朋友，应带着谦虚、友善的态度与其相处。处理问题时，不应居高自傲，也不应妄自菲薄。

2. 处理好分寸，保持适当距离

真诚不代表全盘托出，适当的距离可以减少许多不必要的麻烦和矛盾。对于同事的秘密，要为同事保密，不做"小喇叭，大嘴巴"。

3. 对待分歧，求同存异

工作中，由于每个人都有不同的成长环境、知识背景，因此对待同一个问题难免会有不同看法和矛盾。这时应理智分析问题，求同存异，并避免因工作问题造成对对方个人的偏见，尽量做到工作事，上班毕，不将工作问题中的矛盾带到生活中。

4. 尊重他人

尊重是树立良好人际关系的前提。每个人都希望被别人尊重，根据马斯洛需求理论，尊重需求是个体最基本的需要之一。在工作中，我们要懂得为别人留几分余地，给足对方面子，不要得理不饶人。同时，学会赞美和肯定对方的劳动，真诚赞美与肯定是对他人最大的尊重。

5. 学会合作

合作是团队工作的基石，是取得高效结果的有力武器。在工作中，应以大局为重。有了成果，不要包揽到自己身上，学会分享；对于工作中出现的失误，要勇于承担。多补台少拆台，形成团队意识。

6. 虚心向同事学习

谦虚使人进步，工作中，年轻人应向老同志多学习。有些年轻人认为老同事不如自己年轻，不如自己学历高，便认为不需要向老同志学习，这是错误的。老同事在岗位上工作了多年，积累了丰富的经验，这些经验可以使我们避开曾经易犯的错误，工作水平迅速得到提高。

同时，对待身边优秀同事的晋升，要保持平常心。他人得到提拔，必定有其过人之处，与其羡慕与嫉妒，不如学习其优秀的地方来提高自己。

案例 2-3

张强是村里的会计，张亮是村计生专职干事，两人一直在村委会担任职务，却从未正眼瞧过对方。新一届村支书选举到来了，张强想要竞争村支书，村委们都非常支持，但唯独张亮不买账。张强非常郁闷，不知道什么地方得罪了张亮。这天，张强实在忍不住了，找了一个中间人约张亮谈谈，想化解两人的矛盾，说说清楚。经过中间人的调解，原来两人之间的心结很简单，张亮在辈分上是张强的爷爷，但张强从未叫过他一声"爷爷"。辈分观念深重的张亮认为自己没有受到尊重，心结便就此埋下了。

误会沟通清楚了，张强喊了张亮一声"爷爷"，张亮也化解了心结。

[链接 2-6] 人际关系中的投射效应

投射效应，是指认为自己有某种想法或情感，别人也有一样的想法和情感，也就是我们常说的以己度人。比如我们认为自己对别人是友善的，那么也就觉得别人对自己也是友善的；反之，对别人心胸狭窄、斤斤计较的人，也认为别人对他也斤斤计较。

投射效应是一种认知障碍，是由于不够客观的人际知觉造成的。在工作中，我们应该注意不要以小人之心度君子之腹。以阳光健康的心态去看待工作和同事，那么你也会收获一份阳光的心态。

[链接2-7] 不同的人际风格类型

在工作中，我们需要与不同的人打交道，如果使用一种沟通方式，势必造成沟通的不畅和矛盾。因此了解不同的人际风格类型，依据不同的类型进行沟通具有重要意义。你可以通过观察对方的不同特征来判断对方到底是属于哪种类型的人。

依据在沟通过程中情感流露的多少，以及决策速度的快慢，可以把所有的人分为以下四种类型。

1. 完善型

如果对方在决策时，习惯问许多问题，对细节把握得比较多，但是却迟迟做不了最终决策，而且很少表露自己的情感，那么这样的人属于完善型。

和完善型的人沟通时，一定要注意细节，如遵守约定时间，做适当的记录，多列举一些详细的数据，用词必须准确等。为了提高沟通效率，你最好能直接切入主题，尽量缩短对方的决策时间。由于完善型的人比较谨慎，所以和他们沟通时，尽量不要有太多的眼神交流和身体接触。

2. 平稳型

如果对方讲话慢条斯理，沟通时总习惯微笑地看着别人，而且喜怒哀乐都会明显地表现出来，这样的人属于平稳型。

如果对方属于平稳型的人，那么在和他沟通时，需要多考虑对方的感情因素。例如，在沟通过程中，你应该尽量去迎合对方，保持微笑，依据谈论的内容，做到面部表情丰富，又富于变化。说话的速度要缓慢，同时注意抑扬顿挫。要和对方保持频繁的目光交流，可以用提问的方式来鼓励对方发表自己的看法。

3. 活泼型

如果对方在沟通时，直来直去，表述毫不隐晦，而且常伴有夸张的语言和表情，那么这样的人属于表达活泼型。活泼型的人在沟通中，热情、幽默，肢体语言比较多。

和活泼型的人沟通时，要让对方感觉到你的热情。所以，说话的声音要洪亮，说话时要配合相应的手势，内心的情感也要尽量表现出来。由于活泼型的人习惯把握总体框架的东西，而往往忽略细节，所以表达要直截了当，争取在最短的时间里达成共识。沟通后最好能形成书面文字，以免对方遗忘。

4. 支配型

如果对方做事比较果断，面部表情比较呆板，而且总喜欢指挥别人，说话习惯用命令的口吻，这样的人属于支配型。

如果确定对方为支配型的人，那么就要采取相应的应对措施。与平稳型的人相反，支配型的人不重过程，只重结果。和这种类型的人沟通时，要直接切入主题，不必有太多的寒暄。表述要简明扼要，不能模棱两可。说话声音洪亮，语速要快。面部表情严肃认真，要和对方保持强烈的目光交流，以显示你的自信心。

项目四　如何进行非正式沟通

一、非正式沟通概述

1. 非正式沟通的概念

非正式沟通一般指通过正式规章制度和正式组织程序以外的其他各种渠道进行的沟通。这种沟通形式一般存在于工作中正式沟通渠道之外，通过各种社会交往活动产生。

非正式沟通不同于正式沟通，它的沟通对象、时间及内容等方面，都是未经计划、难以辨别、没有预期的，它是以组织成员间的感情和动机需要形成的。在沟通对象方面，非正式沟通的对象可以是不同组织层次中的一个或多人，非正式沟通超越了部门、单位以及层次的限制；在时间方面，非正式沟通可以发生在任何时间和场所，具有极强的渗透力；就沟通内容而言，非正式沟通内容包含诸如闲聊、八卦等一些私人信息。一般而言，与组织个人关系较密切的问题，例如晋升、待遇、竞选等内容常常是非正式沟通的主题，也就是所谓的"谣言"。

非正式沟通或多或少地存在于任何组织中。它可以是横向沟通，也可以是斜向沟通，传播速度一般较迅速。这种沟通方式一般以口头形式进行，因此不留证据，可以不负责任，这就造成一些不能通过正式沟通传递的信息，能够在非正式沟通中透露。这种特点常常会对组织造成部分困扰。但同时，组织领导也可以从非正式沟通中获得正式场合无法获得的重要情况，了解组织成员的真实想法，并为决策提供参照，减轻正式沟通渠道的负荷量，促进提高正式沟通的效率。

2. 农村工作中的非正式沟通

我国农村村情非常复杂，在中华民族传统文化及社会氛围的影响下，我国农村大部分非正式沟通主要受到宗族和人情文化的影响。

农村作为我国社会最广大的基层组织，人口多，素质水平总体偏低，因此，非正式沟通是非常重要的沟通方式，它作为正式沟通的补充，具有重要的积极作用，但若管理不善，也会有不容忽视的消极作用。

非正式沟通的存在依赖于社会关系与情感关系。在农村社会，大部分村庄都是以宗族形式聚集在一起。同一个村里的人，都有各种各样的宗族联系。中国社会尤其是农村社会，往往非常依赖情感连接。因此错综复杂的情感与血脉关系，使得信息在群众中常常以非正式沟通的形式传播。诸如在茶余饭后，人们聚集在一起的闲聊，以及有意识的家族信息之间的传播。

非正式沟通是村干部了解村民情况的基本手段，也是应用最为广泛的管理手段。乡村中民规俗约是不成文的管理规定，人们往往依照某种不成文的规定来约束自己的行为。因此在遇到矛盾与情况时，非正式沟通可以更好地介入到管理中来。

案例 2-4

有一个村庄，张姓老头在村西头种了 18 棵树。有一年村里王姓老头从外地打工回乡，打算在自己的地中种几亩菜，可是西头张老头的树妨碍了他给自己的田浇水。王老头想要张老头把树给砍掉，脾气倔强的张老头不愿意，于是两家闹僵了。

这时村主任李天来协调两家矛盾。李主任先来到张老头家，并不说明来意，只是与他闲聊。这一聊，两个小时过去了，可是李主任依然没有说明来意。张老头憋不住了，主动询问，你来是说挪树的问题吗？这时，李主任终于开口了,说明了来意。了解了情况后,张老头主动说只要对方来亲自说一声,就没问题。

最后,树挪了,两家也因为这两个小时的闲谈和解了。

3. 非正式沟通的渠道

非正式沟通不需要受特定方式和形式的限制,因此沟通途径繁多且无定型。人们可以通过办公室任意交谈、偶遇问候、私人交往、吃饭时的交谈等方式进行非正式沟通。非正式沟通的信息又称为"小道消息",因为它没有经过组织官方承认传播。

美国心理学家戴维斯曾在一家皮革制品公司专门对67名管理人员进行调查研究,发现非正式沟通途径有四种传播方式。他将这种沟通形式又称为"葡萄藤"沟通。这四种类型的方式如图2-1所示。

戴维斯还发现,小道消息传播的最普遍的形式是集束式。在一个单位里,大约只有10%的人是小道消息的传播者,而且多是固定的一群,其余的人往往姑且听之,听而不传。总之,一个群体里,有的是小道消息的"制造者",有的人是小道消息的"传播者",有的人是"夸大散播者",而大多数人是只听不传或不听不传者。

在农村工作中,非正式沟通信息主要的传播方式有集束形式、随机形式。当村里有中心人物时,集束形式的作用更为突出。往往在前一天一个消息刚刚出现,第二天全村的群众便都知晓了。

二、非正式沟通的特点

非正式沟通可随时随地发生,种类丰富多样,形式灵活,不需要刻意准备。在沟通后,一旦发现问题,可以及时反馈,寻找解决的办法。

在心理学家的研究中发现,非正式沟通也可以有事先预知的模型。人们往往选择特定的内容作为小道消息来进行传播。

① 信息越及时,人们谈论的就越多。比如在民主选举进行时期,人们谈论的往往是关于民主选举的内容,而不是春播或者秋收的信息。

② 对人们的生活有影响的人或事,最容易引起人们的谈论。在农村生活中,最容易引起人们谈论的话题,是与人们生活生产息息相关的内容。诸如村里发放福利,村支书的管理,农作物的销路,换届选举等。

③ 最为人们所熟悉的,人们谈论得最多。人们对于自己熟悉的事情,

模块二 农村组织的管理沟通

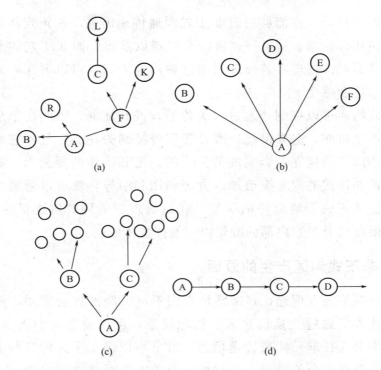

图 2-1 非正式沟通（葡萄藤）的形态

（a）集束式。把小道消息有选择地告诉自己的朋友或有关人。在沟通中，可能有几个中心人物，他们将信息传递给若干人，而且有某种程度的弹性。途中 A 和 F 便是中心人物，代表两个集群的"转播站"。

（b）密语式。一个人主动地把信息传递给其他许多人。一般情况下，往往由一人告知所有其他人，犹如独家新闻。

（c）偶然式。碰到什么人就转告什么人，并没有一定的中心人物或选择性，按偶然的机会传播小道消息。

（d）单线式。由一人转告另一个人，通过一连串的人，把信息传递到最终接受者。这种情况最为少见。

往往比较有自信，谈论起来也如数家珍，喜欢跟人交流。

④ 在一件事件中有关联的人，容易被牵扯到同一传闻中去的人，往往被人们谈论得最多。比如有人要竞选村支书，他关心的就是竞争对手，与人谈论的也是有关竞争对手的信息。

⑤ 在工作上接触多的人，最可能被牵扯到同一传闻中去。

三、非正式沟通的优缺点

小道消息传播速度非常快，形式不一，内容广泛。人们通过正式沟通无法传播的信息，往往能够通过非正式沟通传递出去。在正式沟通中，人们的真实想法、情绪、动机往往被隐藏，难以获得，而非正式沟通给这些信息提供了渠道。管理者若合理利用这种沟通方式，可以更深入地了解组织成员的想法和感受。

非正式沟通难以控制，通过口头传播，没有证据，因此在信息传播过程中容易产生扭曲，造成误解，需要管理者特别关注。并且，它可能促进小集团、小圈子的建立，影响成员关系的稳定和团体的凝聚力。如果能够对组织内部非正式的沟通渠道加以合理利用和引导，就可以帮助管理者获得许多无法从正式渠道取得的信息，在达成理解的同时解决潜在的问题，从而最大限度提升组织内部的凝聚力，发挥整体效应。

四、非正式沟通产生的原因

根据马斯洛需求理论，归属感是人们不可或缺的社会需要，而非正式沟通可以使人们通过交换信息来获得归属感，可以说是人们天生的需求。通过这种沟通途径来交换或传递信息，常常可以满足个人的某些需求。例如人们由于某种安全的需求，乐意探听有关人事调动之类的消息；朋友之间交换消息，则意味着相互的关心和友谊的增进，借此更可以获得社会需求的满足。这种消息对于组织成员来说，往往是他们最感兴趣可又是最缺乏的消息。因此，对依靠非正式沟通可以获得这种信息的环境，组织成员是会感到满意的。

五、农村管理中如何进行非正式沟通

由于农村特有的宗族文化和情感依赖，非正式沟通对农村管理工作有着重要影响。这种现象的存在是根深蒂固、无法消除的。因此管理者应学会将非正式沟通的力量整合、转化和调整，使它对农村管理起到有效沟通的作用。

1. 做好与中心人物的沟通

在农村生活中，由于宗族文化影响，一个家族往往会有几个重要的权威人物。这一个或几个权威人物的话语通常决定了小道消息的积极或消极作用。作为管理者，首先，要与权威人物处理好关系，尊重他们。其次，由于权威人物的看法往往代表了一个家族或族群的意见，因此，要了解群众的真实想法，就要认真倾听权威人物的意见。同时，管理人员可以利用

农村社会的这种特性，在处理群众不易接受的问题时，首先做好权威人物的工作，使他们认可接受管理主张，将一些信息传递给中心人物，然后由他们向其他群众传递信息。

2. 营造开放透明的管理体系

根据心理学家研究，人们在关心某个问题时，越是看不到答案，越希望能够通过猜测来获得安全感，流言也就更容易传播。在管理中，管理者要注意对待一些敏感话题、人们关心的话题，要尽量做到开诚布公，使人们都了解事情进展情况，消除人们的焦虑和紧张。

3. 当人们有很多精力去闲聊时，谣言就容易产生

闲散和单调是谣言产生的温床。因此为了避免发出不实谣言，扰乱人心士气，农村基层管理者应注意，不要让群众过分闲散或过分单调枯燥。

4. 谣言的产生

其背后的心理机制是对当前发生的事件存有疑惑，想要搞清楚，以免自己的利益受损。因此，在日常管理中，尤其是在农村管理中，要培养群众对村组织的信任。

模块三

农村突发公共事件与危机的管理沟通

> 平静的海面上，每艘船都有好船长。
>
> ——瑞典谚语

[案例导入]　山东省平度市"3·21"征地纵火案

2014年3月21日凌晨2时许，山东省平度市凤台街道杜家疃村农田里一处帐篷起火，致4名守地农民1死3伤。

对此，平度市官方微博"平度发布"称，3月21日1时50分，该市凤台街道朝阳路杜家疃村路段上该村村民临时搭建的一处简易帐篷起火，2时30分左右火被扑灭，住在帐篷内的1人死亡、3人被烧伤。其中，死者62岁，曾患中风，行动迟缓。伤者已被送往医院救治。伤亡村民系杜家疃村不同意该村委会土地收益分配办法的村民。

3月22日，事发地又传出"抢尸风波"，有村民称，大批警察手持盾牌和木棍，进入村民守护遗体的事发现场，值守村民与警察发生冲突，但很快被警察隔离起来，随后安放遗体的冰棺被抬走。

对此，"平度发布"迅速发微博否认"抢尸"，并对此做另一番描述："3月22日晨，死者家属自行将尸体从现场运走，现场执勤民警维持秩序，按照法定程序，公安机关对尸体检验后由亲属火化，网传的'抢尸'消息属不实报道。"这条微博招来更多质疑：既然是死者家属自行运尸火化，为何要出动大批手持警械的警察？

据现场群众反映，杜家疃村自2013年以来就存在因征地引起的矛盾。杜家疃村与邻村东关村的村民共有130多亩地。从2013年9月开始，这些地就开始围上围挡，当地村委会伪造村民的签名和手印，瞒天过海变更用地的性质，说是政府行为，但是拿不出任何手续。村民阻挠施工，双方多次发生冲突，不少村民家玻璃被砸，轿车被砸，家中被扔爆炸物，报警无果。村民们多次找到村委会、街道办、市政府反映情况，但同样无果。从2014年3月5日起，村民们自发轮换守在工地入口，阻止施工车辆进入施工，维护自身权利。3月8日，村民在工地入口附近搭了个20平方米的帐篷，每晚有人住在这里。

按照乡亲们的约定，帐篷算是一个"据点"。白天，40多名村民都会到帐篷周边，加强戒备，一起"值班"，晚10时过后，大部分人回家睡觉，每晚留下4人在帐篷里守夜。为防止晚上有人偷袭，值守村民睡觉时不脱衣裤，时刻保持警觉。

3月23日凌晨，平度市委宣传部在其官方微博承认，开发商存在"少批多占"的情况。

中央纪律检查委员会介入后，平度征地案真相渐次浮出水面。

4月25日，山东省平度市公安局发布消息称，造成4名守地村民1人死亡、3人受伤的平度市"3·21"纵火案告破，4名施暴者受王月某及杜家疃村村委会主任杜群某和工地承建商崔连某指使实施了纵火暴行。

点评：

纵火案爆发的主要原因如下。

1. 缺乏让群众信任、勇于承担责任的姿态

对于处理危机事件的村委会来讲，最大的致命伤就是失信于民。不管是被征土地被瞒天过海变更用地的性质、当地村委会伪造村民的签名和手印，还是用其他方式侵犯被征地村民的知情权、睁一只眼闭一只眼纵容开发商"少批多占"的发生，抑或是血案发生后，平度市委宣传部官方微博"平度发布"将此事描述为"一简易帐篷

起火""请公众勿信、勿传未经核实的网络传言",都导致失信于民。随着事件在网上迅速传播,"平度发布"又称"经公安机关初步侦查,发现有纵火嫌疑";"抢尸风波"发生后,"平度发布"又迅速发微博予以否认,招致群众强烈质疑。这一系列做法让百姓无法相信,加之不负责任的态度导致平度危机愈演愈烈。

2. 缺乏与群众真诚沟通

平度案件之所以发生,很大程度上就是村委会、开发商与村民缺乏沟通。而案件发生后,平度市政府相关部门依旧没有拿出真诚沟通的诚意和态度,政府官方微博几度予以否认,试图掩盖事情的真相,导致危机进一步蔓延和激烈。

3. 缺乏换位思考,缺少对百姓的同理心

土地是农民的命根子,农民失去土地,如何生活,相关责任人要换位思考。征地拆迁,事关农民切身利益,不仅要合法依规,还要换位思考,为百姓着想。作为村委会领导,如果设身处地地为自己的村民考虑,如果能多一份同理心,此危机就不会发生。

4. 违背沟通中的"第一时间"、"迅速"、"坦率"等原则

事件发生后,平度市官方微博虽第一时间予以回应,但接下来的应对举措却没有跟上,直到中央纪律检查委员会介入,时隔一个多月之后才公布案件的性质和紧张情况,严重错过了危机处理的最佳时期。

思考:

1. 针对上述案例,分析农村突发事件的危害性。
2. 谈谈自己身边的突发公共事件都有哪些类型并分析产生的原因。
3. 为预防突发公共事件,作为村领导日常需要做哪些方面的沟通管理?

项目一 农村突发公共事件的管理沟通

构建和谐社会，农村的稳定和发展是关键。我国目前正处于社会转型期，这既是黄金发展期，也是矛盾凸显期，各种突发事件层出不穷，影响公共安全因素增多，对社会和人民的危害也越来越严重，在一定程度上造成社会的不稳定。村民委员会等村级组织提高对突发事件的认识，通过多渠道、多形式的沟通，预防和管理好新时期农村突发事件，是一项紧迫的、必做的工作。

一、农村突发公共事件的概述

1. 农村突发公共事件的含义

农村突发公共事件是指在广大农村突然发生的，对农村社会安全、政治稳定、经济可持续发展以及广大农民生命财产安全造成或者可能造成危害的社会政治经济事件及自然现象。它既包括大型的农业自然灾害，也包括突发性的事故灾难、公共卫生事件或社会安全事件等。

农村突发事件是农村各种社会矛盾、社会问题和自然环境矛盾积聚、激化后的社会形态表现，或者说是冲突的人群试图通过非常规或极端的方式，促使有关政府部门解决事先缺少预见或虽有预见却长期无力解决甚至故意回避而不愿解决的问题。近年来，我国农村公共危机事件呈上升趋势，对广大农村社会的稳定甚至对整个国家社会政治稳定构成威胁。

2. 农村突发公共事件的特点

（1）突然性　突发事件，爆发突然，迅速蔓延，容易引发连锁反应。要求立刻做出有效的应急反应，在时间的紧迫性上往往刻不容缓。

（2）不确定性　突发事件发生的时间、地点、形式、规模常常超出人们的常态思维，让人无法有效地预测，很难对某一个事件的形成、发展、演变给出一个明确的客观判断。

（3）决策的非程序化　对突发事件的处置往往没有经验性的知识可供指导，所以应急组织必须采取非程序化决策，打破常规，由现场指挥员直接决策，省略很多程序，而不能按部就班地层层召开会议研究。

(4) 社会性　突发事件一旦发生，势必会给事发地人民生命财产安全带来损失，并很快成为人们关注的中心。

3. 农村突发公共事件的分类

对于突发事件的类别，国内外学者从不同的角度进行过探讨，包括按照事件发生的时间范围、空间范围、可预见性和可控性等进行分类。在我国，基于《国家突发公共事件总体应急预案》，根据突发事件的发生过程、性质和机理，将农村突发公共事件主要分为以下四类。

(1) 农村突发公共卫生事件　主要包括传染病疫情、群体性不明原因疾病、食品安全、动物疫情以及其他严重影响公共健康和生命安全的突发事件。

(2) 农村重大自然灾害事件　主要包括水旱灾害、地震灾害、海洋灾害、火灾等。

案例 3-1

2017年9月15日，某山村降冰雹，大风夹杂着冰雹持续了10分钟左右。50年来当地最大的一次自然灾害令全村损失惨重，全村房屋、养殖场舍等建筑北面玻璃全被砸毁，部分房屋毁坏，3人重伤。

(3) 事故灾难事件　主要包括煤矿事故、交通运输事故、用电和消防安全事故以及外出打工致伤致残事故等。

(4) 农村社会治安事件　事件各种形式的犯罪严重威胁村民的公共安全，入室抢劫、杀人等重大刑事案件也频繁发生，对人民生活秩序威胁相当大，影响相当恶劣。

除此之外，社会转型时期，一些问题也日渐突出，比如农村社区改造、拆迁、征地等问题引发的群体性事件。

二、农村突发公共事件的预防沟通

1. 农村突发公共事件的预防

村干部对农村突发公共事件的发生比一般的村民要有预见性和前瞻性，平时应该对村民多加强这方面的宣传、培训和演练，在面对突发公共事件的问题上，需具备相应的管理能力。

(1) 通过各种渠道广泛宣传沟通，增强突发公共事件的防范意识　作为一名村干部，应该自觉增强公共危机意识，主动学习农村突发公共事件的相关知识，对农村公共危机发生的预兆、原因、应急预案、处理措施、危机控制等方面，做到一清二楚，要从源头上克服麻痹大意的思想，从心理上时刻绷紧安全工作和生活这根弦，未雨绸缪。同时采取走动式管理，将危机预防、避险等常识通过走访、召开村民小组会议、宣传栏等途径加强宣传，让村民都有对突发公共安全事件的危机意识、预防意识。从源头上预防农村突发公共事件的发生，这不仅仅是村干部的工作，更是村干部的责任。

案例 3-2

某村主任根据天气预报得知最近一段时间有雷电、暴雨天气，召集村干部结合自己村的实际情况，对村里的水库、河流、山林、危房户等出现雷电、暴雨情况容易引发的公共安全事件进行一一排查。因为村主任对农村公共危机有预见性和前瞻性，使得村民及时躲过了恶劣天气引发的灾难。

（2）进行安全知识讲座，开展应急培训和演练　防患于未然固然是好，但突发公共事件有时就是防不胜防，村干部只有提前准备面对危机事件时的处理措施，才能从根本上解决全村的应急管理问题。村干部能力再强，也没有三头六臂。为此，村干部可以从日常工作、村民会议、宣传栏等方面着手，按照应对突发公共事件的实战要求，组织各户户主开展本村有可能发生的自然灾害、森林火灾、重大动物疫情、道路安全等各类知识宣传、讲座或技能培训，广泛宣传应急法律法规、自救、互救、减灾等常识，增强村民的责任感和自救、互救能力。另外，村干部可以根据本村实际情况，针对本村历史上常发生的、处于薄弱环节的公共安全事件制订应急预案，适当的时候开展各类科学演练活动，这样可以有效避免一旦发生公共安全事件，农民无从下手的无奈局面。

2. 农村突发公共事件的应对及管理沟通

（1）迅速控制事态，以减轻损失　无论面对的是何种性质、何种类型、何种起因的突发事件，村干部都应立刻作出正确判断并及时控制局势，从容面对，快速反应，果断行动，要以积极的态度去赢得时间，以正确的措施去赢得公众，创造妥善处理危机的良好氛围，而绝不能一开始就追究责任。

处理突发公共事件，实施决策方案，采取具体措施，这时领导者的心理素质、指挥能力、运筹能力、决断能力、魄力都将发挥重大的作用。突发公共事件发生后，领导者能否首先控制事态，使其不扩大、不升级、不蔓延，是处理突发公共事件的关键，要达到这一目的，领导者可采取以下方法。

① 心理控制法。心理控制的方法是告诫我们在意外和突发公共事件发生后，人们心理都会产生相当大的冲击与压力，使大部分人处于强烈的冲动、焦躁或恐惧之中，所以领导者首先应控制自己的情绪，冷静沉着。在突发公共事件中，领导者最好是亲临第一线指挥，稳定人心，也充分体现领导者胆略、勇气。领导者亲临事件现场，不仅给大家带来心理上的稳定作用，更能随时掌握事件发展的进程及变化的情况，从而减少领导者指挥决策的失误，保证危机事件的有效解决。领导者要以"冷"对"热"，以"静"制"动"，镇定自若，组织成员的心理压力就会大大减轻，并能在领导者的引导下恢复理智，利于意外情况和突发公共事件的迅速及时解决。

要达到心理控制的目的，领导者可以从以下两方面去努力。

第一，领导者自身要从容镇定。心理学家认为，任何人都有一种遵从心理，即受他人活动影响，自己也从事和他人同样的活动。越在有心理波动、价值选择目标不定的情况下，越易于产生遵从心理。因此，在突发公共事件来临时，领导者要冷静，不能自己先乱了方寸。

第二，多进行说服教育。现在发生在基层的突发公共事件，群众的要求大部分是合理的或具有合理因素的，只是因为急于解决问题而采取了过激的方式，为此，应采取说服劝解、释疑答惑等方法来理顺情绪，化解矛盾，安定人心。

案例 3-3

某村位于某煤矿两公里处，2017 年 9 月 10 日，有村民发现自家的土地塌陷了 1 米，随后其他村民也发现了同样的情况，村里瞬间乱作一团，有的要去煤矿理论，有的要去上访……

思考

假设你是该村村主任，面对这种情况，你会如何来处理？

点评

村里的领导马上将情况汇报给镇里，镇里的领导及时赶到现场，一边安抚好情绪激动的村民，一边落实情况，联系煤矿负责人。经过大家协商，煤矿同意每亩地每年补偿塌陷户1500元，就此危机平息。

② 组织控制法。组织作为重要资源，有其自身的独立价值。在处理突发公共事件时，组织的作用无可替代。

案例 3-4

2019年某月，一冷库发生险情。该冷库相对周围较为空旷的环境来说属于制高点，屋顶和支撑钢梁没有接地，加上旁边有上百年的柳树，结果遭雷击，造成短路，引发火灾。接到报警后，消防官兵迅速出动六辆水罐车，三辆抢险车赶往现场，在距离冷库两公里处就能看到浓烟翻滚，就能闻到浓烈刺激性的气味。中队指导员立即请示大队领导，调集北城大队大部分力量，在组织及时救助下，经过三个多小时的奋力扑救，将大火控制住。

（2）采取具体措施，果断解决问题　处理突发公共事件，常常会遇到各种意想不到的阻力，如果忍让、退却，就会带来无穷的后患。所以，只要是正确的措施，一经公布，就要坚决贯彻，丝毫不能妥协。突发情况的处理既要着眼于当前事件本身的处理，又要着眼于组织良好形象的塑造。不能采取头痛医头、脚痛医脚的权宜之计和视野狭窄、鼠目寸光的短期行为，而应从全面的、整体的、未来的、创新的高度进行。突发公共事件的处理，要求领导者的决策指向必须针对要害问题，达到"立竿见影"的效果。首先治"标"，为此而采用的决定方式可以是特殊的；在治"标"基础上，谋求治"本"之道。意外事件中常常是危机与机遇并存，处理时应富有创意，如果采取的方法巧妙灵活、恰到好处，有时会出现一个出乎人们预料的结局。所以领导者在出台处理意外事件的方案时，要充分考虑各方面的条件和因素，因人、因地、因事制宜，达到对公众、组织都有益处的效果，努力取得多重效果和长期效益。最后，要准备备选方案。为应对各种突如其来的变化，必须做多方面慎重考虑，对可能出现的情况做到胸中有数，从而使突发公共事件得到妥善解决。

案例 3-5

2018年10月1日,某村村民因不满土地流转与村支书发生吵闹,一些村民阻止承包方在承包的土地上种树苗,还有一些村民直接去承包地里把已经种植好的树苗拔起,在当地引起不小的轰动。面对压力,该村支书没有退让,而是和镇政府协力合作,与村民就土地流转会给他们带来的好处进行耐心的沟通和劝说,让村民充分了解情况,使冲突得到平息。

(3) 准确找到突发公共事件症结,总结经验教训 突发性事件被平息后,获得了相对的平静与稳定,这并不意味着危机过程已完结。领导者的主要工作是致力于危机的根本解决。因为危机公开的冲突被制止了,但引起危机的深层次的问题并没有解决。如果不从根源上控制,还会以其他方式再发生。所以此时的领导者,在恢复正常的社会活动外,更要从系统的角度查找问题出现的深层次诱因,教育广大群众提高认识,避免类似事件的再次发生,并有效地制订危机后管理工作的重点,使群众看到领导者的远见与对组织负责的精神。

案例 3-6

2017年1月12日,晚上11点多,消防队接到电话,有人发现金宇仓库在着火。三十多辆消防车立刻赶往火灾现场,直到凌晨3点,火势才得以控制住。虽然火势得到控制,但损失相当惨重。

相关领导针对火灾原因展开调查发现,仓库之所以着火,是因为当地村民在仓库周围摆满了棉花柴,当时流行放孔明灯,恰巧孔明灯落到干棉花柴上引起火焰。而当时天冷,很多人早早就睡着了,仓库偏僻,离村庄很远,因而直到11点多火势蔓延起来才被人发现。

点评

针对该火灾事故,该地方相关领导迅速组织会议:

1. 认真查找工作中的不足

突发事件出现,说明我们工作中存在的问题不少,如果及早给村民宣传消防安全知识,如果仓库安排值班人员,惨剧是可以避免的。

2. 制订整改措施

事件处理后，对发现的问题，要制订出严格的整改措施。举一反三，排查隐患，见微知著，提前防范，以确保不再发生类似问题。

处理突发公共事件，虽然有方法和艺术，但方法和艺术不是万能的，关键还在于平时扎扎实实工作，要防止把主要精力放在处理突发公共事件上，而忽视日常工作的倾向，切实转变工作作风，将危机消灭在萌芽阶段。

总之，村干部应该努力提高公共安全意识，平时加强对村民宣传、培训和演练，在发生突发公共事件时，村干部应该以人为本、科学施救，以对人民群众高度负责的态度，在农村突发公共事件中起到中流砥柱的作用。

三、农村突发公共事件管理沟通机制建设

1. 从管理沟通主体分析

应当建立村委会、群众互动的农村突发公共事件管理沟通机制。在农村突发公共事件管理中，村委会的主体作用主要是加强预警、应急和责任机制建设。主要体现在提供完备的预警服务，组织领导应急处置，严格依法进行管理问责并保证足够的物质准备；从群众主体来讲，广大农民既是农村突发公共事件的受害方，又是防范和化解危机最重要的主体力量，必须增强危机防范意识，掌握防范知识，加强防范道德建设和法制教育，积极参与危机防范。

2. 从管理沟通过程分析

必须加强农村突发公共事件事前、事中和事后三阶段全面管理沟通。农村突发公共事件管理应按照危机管理发展进程全面展开。坚持综合防治方针，建立多元管理体制，实施长期防治措施，实现有效防治目标，建立农村突发公共事件治理机制。各级政府要把农村突发公共事件防范和处置能力建设作为执政能力建设的一项重要工作。

3. 从管理沟通内容分析

加强农村社会信息沟通的畅通性，重点在预防，核心是应急处理。加强农村突发公共事件管理沟通，加强农村社会信息沟通的畅通性，加强农民应对突发事件的心理教育和防范常识教育。

在突发事件预警中，信息沟通的障碍依然存在。在沟通的信息方面存在自上而下传递多与自下而上反馈少的矛盾。在农村，政府与群众之间的关系不是对等主体模式，而是政府占据着天然的信息优势。政府掌握大量信息，习惯于自上而下的传递，农民掌握的信息少，处于自下而上信息传

递的劣势，加之反馈的信息常常被忽视，使得自下而上的信息传递更加稀缺。农村社会是所有村民组建的有机体，如果不能有效获取村民提供的信息，并加以筛选、分析和运用，那么这个有机体也失去了自我修正、自我完善的功能，就无法有效地对各类突发事件作出预警反应。

首先，信息传递过程中的失真影响了突发公共事件预警的效率。信息失真，一方面是由于一些预警信息的发布并不契合当地农民的表达习惯和思维方式，使得农民在解读信息的过程中产生有偏差的，甚至是错误的理解；另一方面是因上述的不对等交流方式引起的农民对政府信息的刻意抵制、忽视、曲解等。不管哪种原因，信息传递障碍已经形成，直接影响预警效果。

其次，由于农民在科学文化知识，尤其是公共危机知识方面了解十分有限，即使农民感觉到了公共危机信息，也不能对其进行科学解释和说明，而在自身难以确认信息真实性和有效性的情况下，他们往往选择沉默，避免因信息错误遭到责难。这样，预警信息得不到传递，也就难以形成有效的预警。

最后，农村社会是一个相对稳定的、封闭的场域，农民往往更关注自身的农业生产生活，对于小概率发生的突发公共事件存有侥幸心理，潜意识中拒绝危机感知。谁也不愿意成为第一个不和谐音而成为另类，对面子的高度关注胜过了对预警信息的理性思考和判断。因此，村委会领导应有意识加强社会信息的沟通。

4. 从管理沟通渠道分析

随着信息传播技术的不断发展，农村信息化进程的推进，广播、电视、报纸、网络等多种媒介在实现政府和农民之间的下情上通、上情下达的沟通中发挥着巨大的不可替代的作用。

项目二　农村群体性突发事件的管理沟通

［案例］
　　某村位于郊区，社区改造需要村民搬迁，由政府出资盖公寓对全

村人进行安置。经过几个月的突击，新房交付使用，村民高高兴兴地搬进了崭新的楼房。但入住不久，村民们就高兴不起来了——由于赶工期，施工粗糙，工程质量问题逐渐暴露出来。村民多次反映情况，但三年过去了，问题丝毫没有得到解决。于是村民集合到了信访局，面对领导的空口解释，村民情绪越来越激动，局面眼看要失控……

思考：

此时如果由你来现场处理，你将如何与这些村民沟通？

一、群体性突发事件的概念

群体性突发事件是指突然发生的，由多人参与，以满足某种需要为目的，使用扩大事态、加剧冲突、滥施暴力等手段，扰乱、破坏或直接威胁社会秩序，危害公共安全，应予立即处置的事件。

群体性突发事件必须同时具备三个条件：一是突然发生，难以预料；二是群体响应，参与人数众多；三是问题极端重要，干扰乃至破坏正常的社会秩序。

二、农村群体性突发事件的特征

1. 复杂性

农村群体性突发事件牵涉到的部门有从单个向多个发展的趋势，有些需经党政机关、公安机关等多个部门参与协调才达成协议。

2. 反复性

凡出现过群体性突发事件的地方，必然引起干群关系不同程度和范围的恶化，相互的信任感被削弱，加之由于问题解决得不彻底或者一时还不能完全解决，闹事者产生了"大闹大解决，小闹小解决"的思想，致使有些群众性突发事件往往出现反复。

3. 突发性

农村群体性突发事件的直接诱因常常是偶然的，然而，能引发起来，都有必然性，必然性是通过偶然性为其开辟道路。农村群体性突发事件发生前，都积蓄了若干不安定因素，这些问题和矛盾的积累，各种意见的增加,加之认识上、工作上的失误,到一定程度便产生质的飞跃。

4. 连锁性

农村群体性突发事件往往因执行政策上的偏差,同一类型群体性突发事件在一个地方得到了化解,在另一个地方没有进行处理,必然会引起连锁反应。

除上述特点外,农村群体性突发事件还存在着内部问题公开化,局部问题社会化,合理要求与无理要求相互交织等特点。

三、农村群体性突发事件存在的主要成因

诱发农村群体性突发事件的成因是复杂的、多方面的。概括起来说,群体性纠纷和突发性群体事件的成因主要有以下几方面。

1. 各种具体的利益冲突成为导火索

在社会转型期,社会整体结构、资源结构、区域结构、组织结构及社会身份结构都发生着重大转变。不同社会群体和阶层的利益意识会不断被唤醒和强化,利益的分化也势必发生。在各种社会资源有限的前提下,多元化的利益群体会不可避免地相互竞争和冲突。人们受各种各样的价值观念的冲击,容易导致价值体系的紊乱,从而使人们无所适从,诱发出许多社会问题。如在当前农村土地资源不断减少和地价大幅度升值的情况下,农民十分看重土地,经常为争土地而发生矛盾。

一是因对政府出台的政策、措施的不理解而产生不满引发的群体性事件:在贯彻和执行党和国家的一些重大方针政策,特别是直接关系群众切身利益的方针政策时,由于执行者认识上或方法上的不恰当,使部分群众因利益受到损害而产生不满,以致引发群体性事件。二是因征地问题而引发的群体性事件:随着城市化过程的推进和经济发展的需要,特别是农村土地被大量征用为建设用地后,由于土地征用补偿、征地后失地农民安置等原因,而引发群体性事件。

2. 群众的民主意识在不断增强,但政治参与能力相对较低,法制观念淡薄,这是群体性事件产生的文化因素

当群众之间、上下级之间出现利益摩擦或纠纷时,一些群众错误地认为聚众闹事可以对领导造成压力,能较快解决问题,使本来能在法律程序中得到解决的矛盾演化成群体性突发事件。

3. 少数农村干部的不良作风引发群众的对立情绪

目前农村少数干部滥用职权、为政不廉,造成了干群关系紧张。有的

以权谋私，违法乱纪；有的独断专行，以权压人；有的工作方法简单，作风粗暴。基层组织群众基础不稳固，在群众中的组织与凝聚力不强，造成把矛盾解决在基层的能力弱，甚至激化矛盾，引发许多针对基层政府部门、村级组织工作不满的群体性事件。在个别村，广大村民群起而攻之，有的要求改选，有的集体上访，造成矛盾激化。

4. 基层民主化、法制化管理不够健全，与群众的需要不相适应

随着居民法制意识的增强，关心集体经济，要求村务、财务公开的人越来越多，但是少数村干部搞一言堂、糊涂账，甚至暗箱操作，对于涉及村民利益的重大事项，如财务收支状况、享受误工补贴标准的确定不公开，而激化矛盾。

5. 解决问题工作机制不完善

一些基层单位和领导，对预防、处置群体性突发事件思想认识不足、工作措施不到位，不善于解决问题，使矛盾问题积累，直至激化。有的职能部门漠视群众疾苦，在日常工作中，不充分考虑和解决群众的合理要求，导致矛盾升级，有的等到发生了群体性突发事件才想办法解决存在的问题，给群众造成了错觉，导致群众对基层单位、职能部门的不信任，把上访、聚众闹事作为谋求解决问题直接的、有效的方式。

6. 情报信息工作不灵敏

一方面，由于群体性突发事件的有组织性和隐蔽性越来越强，引发的原因具有一定的合理性，易于引起社会同情，使情报信息搜集的难度不断加大。另一方面，职能部门对群体性突发事件的发生、发展缺乏规律性的认识，对待可能影响社会稳定的问题缺乏敏感性，没有积极主动地搜集掌握当地的不安定因素。情报工作网络或者是未建立，或者是流于形式，导致情报信息和阵地控制工作薄弱，难以及时获取深层次、内幕性、高质量的情报信息，造成对各种矛盾纠纷发现、预防和处置工作的被动。

四、农村群体性突发事件的沟通方式

新形势下化解农村群体性突发事件既是一项紧迫而艰巨的任务，又是一项复杂的系统工程。面对农村突发公共事件及群体性突发事件，村干部及村组织既要认清其实质、特征、危害性，从偶然中寻找必然，把握其规律性，又要善于寻找和总结经验，找到化解方法，及时有效沟通管理，将事件解决在萌芽状态。

1. 变上访为下访，主动与群众沟通，征求群众意见，从源头解决问题

群体性突发事件虽然具有突发性、迅猛性的特点，但它的爆发总是一个从量变到质变的过程，一般都有前期征兆或苗头。排查突发事件的苗头，是村级领导干部所面临的一项艰巨任务。主动与群众沟通，征求群众的意见，发动群众充分反映村里存在的问题，然后分门别类进行研究，取得群众的理解，理顺群众的情绪，解决群众的问题。要善于抓早、抓小、把问题解决在萌芽状态，变事后控制为事先解决。

2. 及时到位，果断决策，快速控制

一旦发生了突发性事件，作为村干部，一定要立即组织人员在第一时间赶到现场，采取果断措施，迅速制止事态发展。在处理问题中力避简单、机械、拖延迟缓和主观臆断，要透过各种现象及群众的情绪导向，抓住事件的本质，找准解决矛盾、平息事件的突破口，果断决策，"快"刀斩乱麻，迅速控制事态，把不良影响降到最低限度。

3. 坚持疏导为先的原则

面对现场，领导和工作人员首先要沉着、镇定，把工作的重心放在控制群众的情绪上，加强沟通疏导。本着"可散不可聚，可顺不可激，可解不可结"的原则，引导人们将激烈的情绪稳定下来，使之恢复理智，变"急风骤雨"为"和风细雨"，最后是"风和日丽"，稳定群众情绪，争取群众支持。在安抚疏导过程中，千万不要单枪匹马，要善于团结和依靠农村党员，用村中有威望、有影响的人等各种正面力量的影响来助力化解。要充分发挥村支"两委"对群众最贴近，对实情最了解，对群众有广泛的影响来借力化解。要始终注重正面宣传与正确引导，广泛深入群众，通过集中座谈、个别谈心等形式，与群众亲密接触、坦诚沟通、耐心疏导，争取大多数群众的理解与支持。

4. 坚持真诚沟通理念

公共危机发生时，人们对于信息有着特殊的渴求，各种信息会爆发式地增加，群众如果不能及时获知真实消息，各种小道消息就会满天飞，真假难辨，更容易引发社会的不安与恐慌。因此，在紧急状态下，只有确保信息的真实、及时、透明，经过有效沟通，确保群众的广泛知情权，才能有效抑制谣言和猜测，稳定社会秩序。绝大部分群众是通情达理的，领导只要把政策讲清、道理说透，是能够取得群众谅解的。无论什么事件都有一两个"牵头人"，有影响力和感召力的"群众领袖"起着谋划、指挥的关键作用，是群体中的"主心骨"，也是引发群体冲突的关键所在。因此村委会领导干部必须在"牵头人"身上下工夫,抓矛盾的主要方面,做好"牵头人"工作。

5. 坚持"三可三不可原则"

对"闹事者"可顺不可激,可散不可聚;对事件处理,可解不可结。社会心理学家认为群体行为的相互感染力强,自制力差,来自外部的任何微小刺激,都可能引起群体情绪的进一步激化和行为的扩大、升级。对农村群体性突发事件的控制与处理,不能轻易动用警力,动辄抓人,也不能乱用强制措施,否则只能激化矛盾,扩大事态的发展。

项目三　农村的危机沟通

一、危机沟通的定义

危机沟通是指个体或组织为了防止危机的发生、减轻危机造成的破坏或尽快从危机中得到恢复而进行的沟通过程。危机沟通是处理潜在的危机或已发生的危机的有效途径。

[链接3-1]　危机沟通的战术公式:(3W+4R) 8F=V1 或 V2

"3W"是说在任何一场突发事件中,沟通者需要尽快知道三件事。

我们知道了什么(What did we know)。

我们什么时候知道的(When did we know about it)。

我们对此做了什么(What did we do about it)。

一个组织寻求这些问题的答案和做出反应之间的时间差,将决定这个反应是成功还是失败。如果一个组织对于它面临的紧急事态认识太晚,或是反应太慢,那它掌控全局会变得极为困难;如果不能迅速地完成"3W",它将很难扭转局面。对于沟通者来说,信息真空是最大的敌人,因为总有人会去填充它。

"4R"是组织在这场突发事件中的态度定位。

危机沟通中,组织要表达遗憾(Regret)、保证解决措施到位(Recovery)、防止未来相同事件发生(Reform)并且提供赔偿(Restitution),直到安全摆脱这场突发事件。

"8F"是沟通时应该遵循的8大原则。

事实(Factual):向公众沟通事实的真相。

第一(First):率先对问题做出反应,最好是第一时间。

迅速(Fast):处理突发事件要果断迅速。

坦率(Frank):沟通情况时不要躲躲闪闪,体现出真诚。

感觉(Feeling):与公众分享你的感受。

论坛(Forum):组织内部要建立一个最可靠的准确信息来源,获取尽可能全面的信息,以便分析判断。

灵活性(Flexibility):对外沟通的内容不是一成不变的,应关注事态的变化,并酌情应变。

反馈(Feedback):对外界有关突发事件的信息做出及时反馈。

V1:如果3W、4R和8F都做到了,组织在突发事件中会成为V1,即"勇于承担责任者(Victim)"。

V2:如果不能做好3W、4R和8F,组织很可能会被当作V2,即"小丑和恶棍(Villain)"。

二、危机沟通的方法与技巧

1. 建立信任,表现出密切关注、承担责任的姿态

与群众进行危机沟通的关键是"信任"。在突发事件威胁公共安全时,公众处于弱势和无助的地位,急需村组织提供安全支持,如果群众发现村领导是"不可靠的",人们的烦躁情绪就会增加。信任来自很多方面,最关键的是诚实。村领导良好的姿态有助于沟通者保持冷静、坦率、公正的形象,是沟通管理必要的方面。

2. 换位思考，感同身受，表示同情，注重与群众的情感沟通

群众在突发事件面前属于"弱势群体"，人们对突发事件产生恐惧是正常的本能反应，有一些情绪化的反应和过激行为都是难免的。在沟通中永远不要忽略和漠视他们的感受，不要形容公众的行为"太不理智"，不要以说教和演讲的方式传达信息，而要尊重公众的真实感受，换位思考，认真分析原因，积极主动沟通。沟通者要表现出坦诚关爱，设身处地考虑谈话对象的现实处境。这就要求换位思考，同时，换位思考还有利于有针对性地规划和调整沟通内容，避免无的放矢。

在突发事件发生以后，公众存在着强烈的情感对抗。如果组织不注意突发事件对公众的情感造成的影响，则很容易使公众的情绪进一步激化。因此，注重与公众的情感沟通非常重要。

这种善解人意的方式要求在沟通时多站在对方的立场上思考问题，譬如"假如我是他，会怎样说？怎样做？""假如我是他，希望得到怎样的答复？"这样的思考方式，可以促进彼此间的了解、信任和宽容，减少摩擦、冲突和对抗。

3. 注意双向沟通，主动倾听，深入了解群众心声

危机沟通应该是双向的，村组织及时向群众沟通信息，可以帮助公众了解灾情，避免谣言的产生，使公众认识到村组织为解决危机所付出的巨大的努力。要对群众的询问和要求及时做出反应，提出合理的解释和说明，以缓解公众的恐惧和不安心理；而村组织建立让群众发表自己意见和建议的渠道，则有助于村组织了解群众的真实想法，使村组织明确危机症结之所在，找到合适的解决途径。同时，可以为公众提供一个情感宣泄的机会。双向沟通是克服信息失真的有效方法。

要注意积极倾听，在倾听过程中，村领导要善于使用肯定和赞许的用语，诸如"很好""确实如此""非常有见地""请接着讲"等，以刺激和鼓励对方交流的欲望。这种方法最低限度地打断了对方，却最大限度地掌握了对方的意图，实质上是一种以被动换主动的策略。可见，倾听并不代表自己在沟通中处于配角地位，相反它是获得信息、争取主动的重要途径。

4. 主动引导，语言贴近百姓，通俗易懂

沟通的目的在于清楚、明晰的信息交换，以消除对特定信息内容的不

确定性。对于村务管理者，要抓住主要矛盾，不要被当事者误导；能抓住真正原因，不被表面现象误导。在对群众开展危机沟通时，一味从技术上对突发事件进行解释，使用大量生僻的技术术语，往往会招致群众的反感和厌恶。

5. 审时度势

正确的话必须在恰当的时间、合适的场合讲。

三、危机沟通的渠道

1. 新闻媒介

通过报刊、电视、广播、网络等媒介传达信息是危机沟通管理的主渠道，具体方式包括召开新闻发布会、投放新闻稿件等。

2. 个别会谈

对于一些重要的利益相关者，特别是突发事件的受害者，个别会谈是一种最直接有效的方式。

3. 网络平台

村组织要充分利用网络传播的即时性和互动性，一方面传达村组织对事态的方针、政策和应对措施，通报应急管理的进展情况；另一方面了解利益相关者的态度、意见和需求。

4. 其他权威机构和人士等

应综合发挥各种渠道的优势。渠道选择的关键在于，要充分发挥大众传播、组织传播、群体传播和人际传播等不同渠道的优势，在信息沟通上形成立体、呼应之势，以达到沟通的目的。

四、不同应急管理阶段的沟通方式和策略

1. 危机潜伏期的沟通方式与策略

在危机发生之前的特定潜伏时期，一些引发群众不满或自然灾害或公共卫生事件等社会问题已在孕育和形成，这时具有某些外部特征，诸如大规模的群众上访、小规模的暴力行动等。这就需要村委会组建一支应急管理预警救援队，在及时登记、收集相关的信息资源的基础上，到相关地方进行安全隐患排查，做好预防危机发生的自救宣传工作。在危机潜伏期，

传言可能起到正面的作用，也可能带来负面的影响，应急管理人员要正确引导非正式沟通在群众中产生的影响。

2. 危机爆发期的沟通方式与策略

时间第一，迅速组织救援，保持镇定，争取最快地向群众告知最新信息，并及时向上级政府报告。

3. 危机恢复重建期的沟通方式与策略

危机发生后，村委会应急管理者应协助相关人员做好安置和恢复工作。在尽快恢复社会秩序的同时，对受灾情况做好登记，对危机进行冷静的思考，对相关人员进行心理疏导，作多侧面、多层次的分析，挖掘危机发生的原因，寻求今后避免此类危机事件的发生和改进村委会应急管理预警系统的办法。

不同的场合、不同的对象、不同的阶段，要从不同的角度，用不同的语气，还要根据对象的身份和现场的情况调整讲话的内容、语调、语气等。

五、危机沟通的具体步骤

1. 听之以心

用心去听，让对方尽情宣泄，从而了解事情的真相，了解真实的需求及心态。

2. 动之以情

态度诚恳，让对方相信你是真心想帮助他解决问题，从而拉近距离。

3. 晓之以理

既要表示理解和同情，又要明确指出其过激行为对解决问题造成的不利，引导正确的解决方法。要对群众反映的诉求有理性的分析，认真区分合理性和合法性，做到有理有据地分析解决问题。

4. 知之以法

探讨合法的方案，决不能花钱买平安，否则后患无穷。

危机沟通管理理论将会给我们有效地预防和控制危机的产生或扩大提供有力的指导，提高管理的综合能力。

思考与分析

1. 什么是农村突发公共事件？事件有哪些特征和类型？

2. 为预防突发公共事件，村领导日常需要做哪些方面的管理沟通工作？
3. 什么是农村群体性突发事件？事件有哪些特征？
4. 举例说明当地农村群体性突发事件发生的主要原因以及如何做好有效的沟通管理。
5. 论述农村危机沟通的方法和技巧。

模块四

农村会议的管理沟通

会议是管理工作得以贯彻实施的中介手段。

——格罗夫

[案例导入]　　　　某村民主选举低保户的会议

2018年3月,镇民政所通知该村及时开会选出今年的低保户人员。

该村实际做法如下。

1. 会前准备

① 村主任提前一天通知村民代表,于×月×日晚上×时到村里的会议室开会决定低保户的问题。

② 准备好候选人的选票,把村两委人员提出全村困难人员的名字制成选票,用电脑打印出来,后面还要空出几行以备村民代表会议提出其他人员。

③ 准备好参会人员签到表。

2. 会议期间

① 组织与会村民代表签到。

② 会议正式开始。村书记主持,村会计记录会议内容。村书记说明今天开会的主要内容以及选低保户的有关文件要求的标准。

村两委将列举出的候选名单供大家参考,村民代表认为还有困难的人员没有列举的可以推选出来供大家集体讨论,并经过选票的方式确定2018年低保人员。

村民代表发言阶段,村民代表踊跃发言,各自说出自己的看法并提出合适人选。

确定低保候选人，开始采选无记名投票推选。

无记名投票之后开始唱票，最后决定低保人员名单。

注：写票、唱票、监票时都必须用照相机拍下来，说明事情的真实性，同时保存资料。

3. 会后工作

① 选票的结果要用大红纸写好张贴到村里的公告栏里，保障村民的知情权。

② 要把村里的会议记录、开会时的照片以及最后选定的低保人员的名单上报到镇民政部门。

思考：

1. 该村低保户的选举程序是否合理？你认为哪里还需要改进？

2. 假设你作为该村主任来组织这次会议，会前筹备、会议期间、会后分别需要做哪些工作？

项目一　农村会议概述

会议是决策的重要方式，也是沟通信息的主要手段，在管理工作中起着十分重要的作用。

一、农村会议的特点

农村会议的针对性比较强，大部分关于依据群众日常反映强烈的和收集到的问题进行讨论。例如：村两委会议、党员会议等。

（1）农村会议主要是体现农民群众的诉求，让农民群众参与村务政务，真正地实现农民群众的主人翁地位，尤其对村里发生的重大事件，村委会的主导意见不能当作最后的决议，最后的决议由村民代表或是村民全体大会集中表决后的意见为主，群众具有表决权、监督权、知情权。例如：全体村民大会修改村规民约，村里集体经济走向的会议，每三年一次的村委会选举等。

（2）农村会议还有上传下达的特点，及时把国家的政策和政府的福利及相关工作通过会议的方式告知村民代表，请村民代表帮为传达。例如：近期计划生育政策会议、农村合作医疗收缴会议等。

（3）农村会议主要体现公平、公正、公开的特点。

二、农村会议的主要内容

农村会议的主要内容包括村经济和社会发展规划及年度计划、村庄建设规划、村级财务预决算、集体资产的承包和租赁、兴修道路、桥梁、水利等村公益事业，义务教育、新农合、新农保、计划生育、扶贫济困、危房改造、奖励性住房、草原生态奖补、土地承包经营、宅基地建设使用、集体收益分配、牧区定居点建设和分配、农牧区基础设施建设项目、国家其他补贴资助、村集体的政策落实、村"两委"班子自身建设等重大事项。

三、常见农村会议的类型与管理

1. 村"两委"联席会议

（1）村"两委"联席会议由村党组织书记召集和主持，村党组织、村民委员会成员参加，驻村干部列席会议，负责指导监督。参加会议的村党组织委员数、村民委员会委员数均须超过全体成员的半数。联席会议每月至少召开一次，也可根据工作需要随时召开。

（2）联席会议主要是研究、讨论和决定村内重大问题，主要包括：贯彻落实上级有关决议、指示的实施办法；村级经济发展和各方面工作的规划、目标及措施；重大建设项目、大额财务支出、集体资产的使用和处置、村干部的分工和待遇；计划生育、综合治理、宅基地划分和村务、财务公开等群众关注的热点、难点问题。

（3）联席会议的程序

① 确定议题。由村"两委"成员根据各自分管工作需要，向村党组织书记、村民委员会主任分别提出需研究解决的问题，然后，由村党组织书记与村民委员会主任相互沟通，确定议题，提出初步意见。

② 集体研究。会议主持人组织大家围绕议题，积极发表意见。

③ 进行表决。按照少数服从多数的原则，采取举手或无记名投票等方式进行表决。表决赞成票必须超过到会人数的半数，决议方能生效。

④ 组织实施。对于村"两委"联席会议形成的决议或决定,由村"两委"按照分工负责的原则组织实施。

⑤ 议案归档。村"两委"研究的议题、表决情况等,要记录整理,归档保存。

2. 党员大会

党员大会又包括支部党员大会、支部委员会、党小组会和党课。

(1) 支部党员大会　支部党员大会由党支部书记主持,一般每三个月召开一次。基本程序:①选定议题,提前通知支部全体党员;②会议主持人报告党员出席、缺席情况,宣布会议议题,会议开始;③党员民主讨论和表决;④宣布表决结果,形成支部大会决议。

参加会议的正式党员超过应到会人数半数方能开会。党员大会作出决议时,应在充分讨论的基础上,按少数服从多数的原则进行表决。决议必须经应到会正式党员半数以上同意方能通过。进行选举时,有选举权的到会党员超过应到会党员的五分之四,会议方为有效。

(2) 支部委员会　支部委员会由支部书记主持,一般每月召开一次,根据工作需要可随时召开。基本程序:①会前准备。确定议题、开会时间、地点,向全体支部委员通报情况,每位支部委员做好参加会议的准备。②召开会议。主持人向到会人员报告会议议题和议程,集体讨论,形成决议、决定,对落实决定事项作出明确分工。③整理会议作出的决议或决定及会议记录,及时存档备查。

(3) 党小组会　党小组会由党小组长主持,每月至少召开一次。基本程序:①会前与党支部沟通,确定内容、方法,通知党员做好准备;②围绕议题讨论,统一思想;③根据讨论情况,制订工作计划;④指定专人负责做好记录,党小组长及时将会议情况向党支部汇报。

(4) 党课　党课每年至少举行一次,授课时可吸收入党积极分子参加。党课的主要内容是:党性原则,党的路线方针政策和决议,党的基础知识,科学、文化、法律和业务知识,时事政治,优秀共产党员先进事迹等。党课教员可由党支部书记担任,也可以邀请上级党组织负责人、专家学者和优秀共产党员等担任。基本程序:①课前准备。确定课题和讲课时间、授课人员。②集中组织党员听课。③课后消化。组织讨论或测试。

[链接 4-1] 入党程序

（1）提出入党申请。入党申请人撰写《入党申请书》，向党组织提交。

（2）与入党申请人谈话。党支部收到《入党申请书》后，在一个月内派人同入党申请人谈话，了解基本情况。

（3）确定入党积极分子。党支部组织全体党员和群众代表从所有入党申请人中无记名投票推荐入党积极分子人选，支委会根据推荐结果，综合各方面情况提出入党积极分子名单，并进行公示后，报镇（街道）党（工）委审查备案。镇（街道）党（工）委将确定的入党积极分子的成套材料报区委组织部审查。审查合格的，发放《培养教育考察记实簿》。

（4）对入党积极分子进行培养教育和考察。党支部指定两名正式党员作为入党积极分子的培养联系人，对其进行培养教育，每半年填写一次《培养教育考察记实簿》。镇（街道）党（工）委对入党积极分子进行集中培训。

（5）确定发展对象。对经过一年以上培养教育和考察，基本具备党员条件的入党积极分子，在听取党小组、培养联系人、党员和群众意见的基础上，支委会讨论同意并报镇（街道）党（工）委备案后，列为发展对象，并进行公示。

（6）对发展对象进行政治审查。审查情况应当形成结论性材料。

（7）集中培训发展对象。镇（街道）党（工）委对发展对象进行集中培训和测试，时间不少于三天（或不少于二十四个学时）。

（8）支部委员会对发展对象进行严格审查，经集体讨论确定其是否合格。

（9）镇（街道）党（工）委对发展对象进行预审。党（工）委对支部委员会审查合格的发展对象的成套入党材料进行查验，对发展对象的条件、培养教育等情况进行审查，根据需要听取执纪执法等相关部门的意见。

（10）发放《入党志愿书》。镇（街道）党（工）委将预审合格的发展对象的成套入党材料报区委组织部审查。审查合格的，发放

《入党志愿书》。

（11）确定入党介绍人。发展对象应当有两名正式党员作入党介绍人。入党介绍人一般由培养联系人担任，也可由党组织指定。

（12）填写《入党志愿书》。入党介绍人指导发展对象填写《入党志愿书》，并认真填写自己的意见。

（13）支部大会讨论接收预备党员。有表决权的正式党员到会人数必须超过应到会有表决权人数的半数，方能召开讨论接收预备党员的支部大会。赞成人数超过应到会有表决权的正式党员的半数，才能通过接收预备党员的决议。因故不能到会的有表决权的正式党员，在支部大会召开前正式向党支部提出书面意见的，应当统计在票数内。

（14）与发展对象谈话。区委和镇（街道）党（工）委组织员与支部大会讨论同意接收为预备党员的发展对象进行谈话，对其作进一步了解，并提出能否入党的意见。

（15）镇（街道）党（工）委审批预备党员。镇（街道）党（工）委对党支部上报的接收预备党员的决议，一般在三个月内审批，并及时通知报批的党支部。党支部应当及时通知本人并在党员大会上宣布。审批结果要及时报区委组织部备案。

（16）对预备党员进行教育和考察。镇（街道）党（工）委或党支部组织预备党员进行入党宣誓。党支部及时将预备党员编入党小组，通过党的组织生活、听取本人汇报、个别谈话、集中培训、实践锻炼等方式，对预备党员进行教育和考察。预备党员的预备期为一年，预备期从支部大会通过其为预备党员之日算起。

（17）预备党员转正。预备期满后，党支部及时讨论其能否转为正式党员。讨论预备党员转正的支部大会，对到会人数、赞成人数等要求与讨论接收预备党员的支部大会相同。

（18）镇（街道）党（工）委审批预备党员转正。镇（街道）党（工）委对党支部上报的预备党员转正的决议，应当在三个月内审批，并及时通知党支部。党支部书记应当同党员本人谈话，并将审批结果在党员大会上宣布。党员的党龄，从预备期满转为正式党员之日算起。

（19）党员材料存档。预备党员转正后，其入党的相关材料由镇（街道）党（工）委、区委组织部依次审核后，由镇（街道）党（工）委建立党员档案进行保存。

3. 村民代表会议

村民代表会议由村民委员会成员和村民代表组成，在村党组织的领导下，遵循民主、合法、代表民意的原则，行使村民会议的部分权力。村民代表应当占村民代表会议组成人员的五分之四以上，村民代表由村民按每五户至十户推选一人，或者由各村民小组推选若干人，总数由村民委员会确定，但是不得少于30人，其中，妇女村民代表应当占村民代表总数的三分之一以上。村民代表的任期与村民委员会的任期相同。村民代表可以连选连任。村民代表经推选产生后，在全区实行统一编号管理，发放"村民代表证"。村民代表会议议事规则如下。

（1）村民代表会议由村民委员会召集，每季度召开一次。有五分之一以上的村民代表提议，应当召开村民代表会议。村民代表会议有三分之二以上的组成人员参加方可召开。

（2）村民代表会议议题由村"两委"提出，也可由五分之一以上代表联名提出。召开村民代表会议，村民委员会应当于五日前将需要讨论决定的事项书面通知村民代表并张榜公布。村民代表要主动征求所联系户村民对议题的意见和要求。

（3）村民代表会议所作决定应当经到会人员的过半数同意，并不得与村民会议的决议、决定相抵触。通过的决议、决定要予以公开，村"两委"和全体村民必须执行，并由村民委员会负责落实。

4. 村民会议

村民会议是村级重大事项决策机构，在村党组织的领导下，对村级组织提出的重大事项进行决策。有十分之一以上的村民或三分之一以上的村民代表提议，应当召集村民会议，并提前十日通知村民。召开村民会议，在党组织领导下，由村民委员会召集和主持，应当有本村十八周岁以上村民的过半数参加，或者有本村三分之二以上的户的代表参加，所作决议应当经到会人员的过半数同意才能通过。涉及村民利益的下列事项，经村民会议讨论决定方可办理：

① 本村享受误工补贴的人员及补贴标准；

② 从村集体经济所得的收益的使用；

③ 本村公益事业的兴办和筹资筹劳方案及建设承包方案；

④ 土地承包经营方案；

⑤ 村集体经济项目的立项、承包方案；

⑥ 宅基地的使用方案；

⑦ 征地补偿费的使用、分配方案；

⑧ 以借贷、租赁或者其他方式处分村集体财产；

⑨ 村民会议认为应当由村民会议讨论决定的涉及村民利益的其他事项。

村民会议可以授权村民代表会议讨论决定前款规定的事项。

组织村民会议讨论修订村民自治章程、村规民约，纠正与法律法规相违背的条款，维护妇女儿童、残疾人的合法权益，并在村内主要街巷进行公开。

5. 村民小组会议

村民小组会议由村民小组组长召集和主持。村民小组会议应当由本小组年满十八周岁的村民三分之二以上，或者三分之二以上的户的代表参加，所作决定应当经到会人员的过半数同意。

属于村民小组的集体所有的土地、企业和其他财产的经营管理以及公益事项的办理，由村民小组会议依照有关法律、法规规定讨论决定，所作决定以及实施情况应当及时向本小组的村民公布。

村民小组组长由村民小组会议推选，任期与村民委员会的任期相同，可以连选连任。村民小组组长应当组织本组村民认真贯彻执行村民会议、村民代表会议和村民小组会议的决定，完成村民委员会交办的事项，向村民委员会反映本小组村民的意见、建议和要求，依法开展各项活动。

6. 其他相关会议

（1）民主生活会　村党组织领导班子民主生活会由党组织书记召集和主持，一般每半年召开一次。会议内容根据上级党组织要求，联系本村实际确定。民主生活会的主题、时间和开法应提前向上级党组织报告，并通知每个成员做准备。基本程序如下。

① 组织学习。针对会议主题确定相关学习内容，采取多种形式组织学

习，统一思想，提高认识。

②民主评议。可结合半年总结或年终总结、年度考核等工作，组织民主评议，掌握党组织领导班子及其成员存在的突出问题。民主评议由上级党组织负责组织并汇总评议结果。

③征求意见。采取发放征求意见表、走访、召开座谈会等形式，征求对党组织领导班子及其成员的意见建议。

④反馈意见。民主评议结果由上级党组织向村党组织书记反馈，征求意见情况由村党组织书记向班子成员反馈。

⑤撰写发言提纲。领导班子成员根据民主生活会的主题和民主评议、征求意见情况，认真回顾总结思想、工作、作风情况，深入查找存在问题，剖析思想根源，提出改进措施，同时对班子存在的突出问题提出整改建议，对其他成员提出批评意见和建议。

⑥开展谈心活动。村党组织书记与每个班子成员分别谈心，班子成员之间互相谈心，坦诚交流思想。

⑦开展批评与自我批评。召开民主生活会，通报上次民主生活会确定整改措施的落实情况和征求意见情况，班子成员按照"团结—批评—团结"的方针，开展严肃认真的批评与自我批评。

⑧制订整改措施。对会前征求的意见和会上查摆的问题进行认真分析，制订领导班子及成员的整改措施，并向党员、群众通报和公布，接受监督。

⑨抓好整改落实。对制订的整改措施，明确责任人和完成时限，限期解决。召开民主生活会应安排专人做好记录，并于会后及时向上级党组织报送会议情况报告、会议记录和整改措施。

(2) 组织生活会　村党组织组织生活会以党支部或党小组为单位召开，由党支部书记或党小组长主持，一般每半年召开一次。要根据上级党组织要求和本村实际，认真分析党组织和党员队伍存在的突出问题，有针对性地确定主题，并提前通知全体党员。基本程序如下。

①听取意见。党支部书记（党小组长）与上级党组织沟通情况，听取对开好组织生活会的意见。

②谈心交流。党支部书记（党小组长）广泛开展谈心活动，了解本支部（党小组）内每个党员的思想情况。同时，党员与党员之间、党员与群众之间开展谈心，征求意见，找出问题和不足。

③ 通报情况。会上，首先通报上次组织生活会确定的整改措施的落实情况和征求群众意见情况。

④ 开展批评与自我批评。按照"一人谈、众人帮、逐个进行"的办法开展批评与自我批评。党支部书记（党小组长）带头进行自我检查和剖析，带头对其他党员逐个提出批评、意见和建议，鼓励其他党员对自己提出批评意见，并虚心接受批评。

⑤ 制订整改方案。对会前征求意见情况和会上查摆的问题进行认真分析，党支部和党员分别制订具体实在的整改方案和整改措施，明确责任和完成时限，并向党员群众通报，作出承诺，接受监督。

⑥ 抓好整改落实。对制订的整改措施，党支部书记带头及时抓好落实。整改措施落实情况要在下次组织生活会上进行检查，对落实不好的，分清责任，提出批评，限期解决。召开组织生活会要认真做好记录，一般应于会后10天内，向上级党组织报送会议情况、会议记录和整改方案。

[链接 4-2] 处置不合格党员

对民主评议中被评为不合格等次的党员，党支部要及时进行组织处置。对日常发现有不合格表现的党员，支委会要及时研究，作出初步认定，并按照相关程序予以处置。

组织处置方式分为限期改正、劝退、除名。对有继续留在党内的愿望、愿意接受教育并决心改正的，应当限期改正，期限一般为一年；对拒不改正，或限期改正后仍无转变，连续2年被评为不合格的，应当劝其退党；劝而不退的予以除名。对没有正当理由，连续6个月不参加组织生活，或不交党费，或不做党所分配的工作的党员，按自行脱党予以除名。对被劝退和除名的党员，党组织要做好包括思想政治工作在内的相关工作。

处置不合格党员按以下程序进行：①调查核实。党支部对党员不合格表现进行调查，形成调查核实材料。支委会研究提出初步处置意见。镇（街道）党（工）委可派人参加调查核实工作。②上级预审。党支部将初步处置意见、调查核实材料报镇（街道）党（工）委预审。对拟作出劝退、除名处置的，由镇（街道）党（工）委报区委组织部门预审。③形成决议。经预审同意后，党支部召开支部党员大会，通报对拟处置党员调查核实和预审情况，讨论初步处置意见并进行表决。有表决权的到会人数超过应到会人数的半数，方可召开会议。赞成人数超过应到会有表决权的党员的半数，才能通过处置不合格党员的决议。会前要通知拟处置党员到会，不能到会的可提供申辩材料。处置决议需有本人签字，对拒不签字或无故不能签字的，党支部要在处置决议上注明。④上报审批。党支部将处置决议连同相关材料一并报镇（街道）党（工）委审批。对作出限期改正处置的，由镇（街道）党（工）委集体研究审批；对作出劝退、除名处置的，由镇（街道）党（工）委集体研究提出审批意见后，报区委组织部门审查批准。党支部接到审批意见后，及时通知被处置党员，并以适当方式宣布。对党员的组织处置，从支部党员大会作出决议之日起生效。处置决议、审批意见存入党员档案。

项目二　农村会议前的筹备与沟通

　　会议是最常见的群体沟通形式，能集思广益，但也耗时耗力，提高会议的有效性十分必要。为了使会议有成效，就必须做好以下三个阶段的工作：会前筹备、会议期间的组织以及会议善后工作。

　　农村会议会前筹备一般要开一个会前会。所谓的会前会就是由村书记、村主任、村会计等村干部先行商量参会人员、会议任务、召开时间、具体议程等内容，而后发出会议通知，并确认在会议中议题能够得到及时的解决。

一、农村会议的筹备工作

　　要开好一个会议，准备工作是十分重要的。会前有关村委领导周密详尽的准备，是会议圆满成功的基础。一般来说，会议的准备工作主要包括以下几个方面。

1. 明确任务

召开会议的首要筹备工作是确定会议的目的和目标。全体工作人员应当明确本次会议的目的、主要解决的问题，更要明确自己的工作任务及具体要求，以保证不出差错，不耽误工作。

2. 确定会议主持人及与会人员

会议的成败与否，很大程度上取决于会议主持人，一般情况下，主持人常由群体中职位最高的人担任，或由村中德高望重的人来担任。确定与会人员是一项很重要的工作，该到会的，一定要通知到；不需要到会的，就不应当参加。还要限定与会者人数。大型会议还要对与会人员进行分组，便于分组讨论，组织活动。

3. 安排议题和议程

会前把会议要讨论、研究、决定的议题搜集整理出来，可以根据要讨论问题的重要性和类别依次排序；会议主持人按照程序妥善地掌握好会议进度，才能高效率地开好会议并取得理想的效果。一般情况下，会议程序按四个阶段规划：开始阶段、讨论阶段、总结阶段、结束阶段。

4. 会务组织工作

根据会议议程和与会人员，做好会议的后勤保障工作，包括布置会议场所、准备各种材料等。在什么地方开会，如何布置会场，这是开好会议的重要前提。会议场地大小必须适合会议规模，避免过大或过小。根据会议性质与人数的不同，会场可有不同的布置。根据沟通需要选用适当的桌椅排列方式，信息型会议的与会者应面向房间的前方，而决策型会议的与会者应面向彼此。工作人员应分工明确，各负其责。

5. 确定会议时间

如何确定开会的时间与时限，也是一项重要的准备工作。选定会议时间要有充足的准备时间，除非是处理村务突发事件。为防止迟到，在会议通知时提醒"准时出席"，会议召集人应以身作则，务必准时，让准时成为一种习惯；在会议记录上写下迟到人员的名字，根据情况可以在村务公开栏公布或规定迟到几次将采取的惩罚性措施。

6. 发出通知

在一切准备就绪后，即可向与会人发出通知，以便做好准备工作。不管通知用何种形式，都应做到清楚明了、准确无误，以确保会议如期开始。

通知一般应注明：会议目的、时间、地点、主要议程、有关要求等。有时准备工作量比较大，而距离开会时间还远，可以先发一个关于准备参加会议的通知。在开会前，再发出正式开会通知。

案例 4-1　　××县××镇庆"三八"活动会前筹备

会前准备：确定会议的议题、邀请的领导、参加的人员（××镇36个村的妇委会主任）、领导演讲用的稿子、会场各部门人员的安排。

会场所需物品清单：音响、横幅、发言稿、签到纸、签字笔、果盘、奖状、二维码、体检卡、维权宣传单、保险宣传单、U盘（2个）。

通知参会人员：镇长、书记、主任、村妇委会主任、妇女发言代表、领奖者等80余人。

[链接 4-3]　会议主持词的写作方法

1. 开头部分

这一部分主要介绍会议召开的背景、任务和目的，以说明会议的必要性和重要性，可分为五方面内容。

首先，宣布开会。

其次，说明会议是经哪一级组织或领导提议、批准、同意召开的，以强调会议的规格以及上级组织、上级领导对会议的重视程度。

第三，介绍与会人员的构成、人数，以说明会议的规模。

第四，介绍会议召开的背景，明确会议的主要任务和目的。这是开头部分的"重头戏"，也是整篇文章的关键所在。会议的主要任务要写得稍微详尽、全面、具体一些，但也不能长篇大论，要掌握这样两个原则：一是站位要高，要有针对性，以体现出会议的紧迫性和必要性；二是任务的交代要全面而不琐碎，具体中又有高度概括。

第五，介绍会议内容。为了使与会者对整个会议有一个全面、总体的了解，在会议的具体议程进行之前，主持人应首先将会议内容逐一介绍。如果会期较长，如村民代表大会，可以阶段性地介绍，如："今天上午的会议有几项内容""今天下午的会议有几项内容"。如果会议属专项工作会议，会期较短，可以将会议的所有内容一次性介绍完毕。

2. 中间部分

在这一部分，可以用最简练的语言，按照会议的安排，依次介绍会议的每项议程，通常为"下面，请某某某讲话，大家欢迎""请某某某发言，请某某某做准备"之类的话。有时在一个相对独立或比较重要的内容进行完之后，特别是领导的重要讲话之后，主持人要作一简短的、恰如其分的评价，以加深与会者的印象，引起重视。如果会期较长，在上一个半天结束之后，应对下一个半天的会议议程作一简单介绍，让与会者清楚下一步的会议内容。会议主持词的中间部分写作较为简单，只要过渡自然、顺畅，能够使整个会议联为一体就行了。

3. 结尾部分

这一部分主要是对整个会议进行总结，并对如何贯彻落实会议精神提出要求，作出部署。

首先，宣布会议即将结束。

其次，对会议作简要的评价。主要是肯定会议效果，总结概括要有高度，要准确精练、恰如其分。它是对会议主要内容的一种提炼，对会议精神实质的一种升华。

写简要评价时，语言应简洁明了，要求具体明确，体现出会议要求的严肃性、强制性、权威性。

以会议的性质和内容选取写作方式。如必须完成任务的专项工作布置，可采用命令的口气；动员大会性质的，可采用号召式等语气。

最后，要将会议贯彻落实情况在一定期限报会议组织单位，以便检查会议落实情况。

二、农村地区几种主要会议前的沟通

农村会议大多数为村级重大事务的决策。村级重大事务要坚持先党内后党外、先党员后群众和民主集中制的沟通原则及顺序决策，在村党组织的领导和村务监督委员会的监督下，按照"四议两公开"的程序实行民主决策。"四议"即党组织提议、"两委"联席会商议、党员大会审议、村民会议或村民代表会议决议。

1. 党组织会议提议前的沟通

对村内重大事项，村党组织提议前需要充分征求党员、村民代表及广大村民的意见，认真调查论证，集体研究提出初步意见和方案。

2. "两委"联席会议前的沟通

根据村党组织的初步意见，组织村"两委"班子成员充分讨论，发表意见。对意见分歧比较大的事项，根据不同情况，可采取口头、举手、无记名投票等沟通方式进行表决，按照少数服从多数的原则形成商议意见。党组织书记和村民委员会主任"一人兼"的村，可将村党组织提议和"两委"联席会商议程序合并进行。

3. 党员大会前的沟通

对村"两委"商定的重大事项，提交党员大会讨论审议。召开党员大会审议前，应提前把方案送交全体党员阅读，在党员中充分讨论表决。

4. 村民会议或村民代表会议前的沟通

党员大会审议时，到会党员人数须占全村党员总数的半数以上，审议事项经应到会党员半数以上同意方可提交村民会议或村民代表会议表决。党员大会通过的事项，依照有关法律法规规定，还应在村党委组织领导下，由村民委员会召集村民会议或村民代表会议讨论表决。

三、农村会议筹备工作中的注意事项

1. 目的明确

会议的组织者对会议要达到的目的要清楚明白，这是精简、高效地开好会议的关键。一个会议可能有两个或两个以上的目的，但不宜过多。在会议开始之前，主持人应明确提出会议的目的，根据目的设定具体目标。在向工作人员安排工作任务和向参加会议的代表发出通知时，都应当讲清楚，使大家心里有数，有备而来，这样才能保证会议的基本质量。

2. 议题清晰

议题必须紧扣会议目标，各项议题之间最好有联系，且按合乎逻辑的顺序排列，只有这样，才能使会议顺利进行，在会议中一个问题接一个问题解决；同时还应清楚指出各项议题所需讨论的时间，这样可以使与会人员做到心中有数。

3. 会议场地明确

无论是大会、小会，还是党员会议、村民会议，都应当明确、具体地通知与会人，会场尽量减少外界干扰，门口应有明显标志。场地根据不同会议性质可以有不同的布置，如圆形、长方形、U形等。

4. 主持人、工作人员、服务人员的分工

分工明确，提前到位，应把场地事先布置妥当，迎接与会人员到来。有效的会议都是经过精心安排和筹划的。尽量少开会议，只有必要时才召开。

5. 与会人员的会议前职责

会议是多种人员相互交织，为一个目的共同进行的一种复杂的、有组织的人际交往活动。一个会议要取得好的效果，除了会议筹备严谨、安排具体外，所有与会议有关的人员都应当提前明了自己的职责。

（1）主持人　主持人是会议的组织者、引导者、控制者，可以说是对会议影响最大的人。会前要明确会议目的，对内容、程序、时间和人员安排要做到心中有数，批准议程草案；确保与会者得知会议目标、时间、地点及会议议程；保证会场合理布置。

（2）秘书或记录员　农村会议中的秘书一般由村会计担任，秘书的作用很重要，直接对主持人负责。为保证会议顺利有效进行，秘书或记录员应根据会议的目的，收集资料；起草会议议程与文件；得到主席的批准后发送会议通知和议程及必要的背景资料。

（3）会议成员　参加会议的成员都有责任使会议取得成功或达到理想的效果。对所有成员来讲，明确会议的主题、目的和议程以及自己和其他人在这次会议中的角色，是很重要的。会议成员还应做到：在会议召开前有需要列入议程的事项可通知秘书或主持人；提前阅读所有文件，明确会议的主题和目的，确认在会议讨论内容中有哪些与自己有关，并对这些内容有所考虑，确定应该持什么观点，如果需要，准备自己的支持性材料。

项目三　农村会议期间的组织与沟通

会议期间的组织与沟通，是会议能否取得成功的关键。如何组织好农村各类会议，既是村干部领导艺术的基本内容之一，也是管理沟通的一个重要方面。

一、农村会议进程的控制

会议能否顺利进行，不仅取决于主持人对会议节奏和方向的把握，还取决于会议组织人员对会议过程的合理控制和协调。会议组织者要按会议议程安排组织实施会议的各种活动，组织动员与会人员为实现会议的目的而共同努力。

一般来说，会议顺利进行主要需做好以下几方面工作。

1. 合理控制参会人员的行为

（1）签到，严肃对待迟到行为　参会人员要履行签到手续，小型会议比如村"两委"联席会、党员会议，可以在入口放签到表；大中型会议比如村民会议、庆祝会议等不用这种方法签到，否则会造成拥挤、混乱。一般可采取事先发签到卡，代表在签到处，把签到卡交给签到处工作人员，即表示签到。统计人数要准确、及时、迅速。

可将迟到者或早退者列入会议记录或村务公开栏，人们通常不希望自己的名字进入记录，因此这种做法能增强与会人员参会的准时性。

（2）安排发言，给每位代表发表自己意见的机会　在会议进行中，主持人应反复强调会议目的，以统一认识，控制每个议题的时间，对喋喋不休者给予提醒或控制，对沉默者给予引导。村民代表大会应该限制每个人的发言时间，这样不仅可以让更多的人发言，而且可以使每个人的发言突出重点。

（3）鼓励与会者发表观点、见解　鼓励与会者积极发表自己的观点、见解，但限于实质问题，不做离题讨论，不重复别人已经讨论过的观点；当见解不一致引起争论时，主持人可以向持中立态度的成员征询意见，扩大讨论。

2. 合理控制会议议题和议程

（1）明确会议议题要达到的目标。在开会时，会议主持人应该先明确此次会议要达到的目的，确保所有成员理解所讨论的问题以及为什么讨论这个问题，控制与会人员意见的方向，当意见与议题偏离或深入到不必要的细节时，应及时引导到议题本身。

（2）控制会议时间，不要拖时，按时结束。一次会议不能解决的问题，应当宣布暂时休会，并宣布下次会议的进一步要求，提醒大家早做准备。

（3）每个议题讨论结束后，会议主持人应就已经达成一致的内容给出一个简短、明确的概括。这样不仅有助于会议记录，也有助于人们了解已经在会议上取得的成果。对于构思不成熟的创新型观点，应鼓励会后继续完善并提交书面建议。

3. 加强对会议的组织协调

要想高质量、高效率地完成会议议程，会议组织者需做到以下方面。

（1）目的明确　一切为会议服务，确保会议顺利进行。

（2）面对突发事件，能随机应变　会议在进行过程中可能随时会遇到突发事件，如停电、地点需要临时改变等，这就要求会议组织者根据可能出现的变化制订出应对方案，否则将会造成混乱，使与会者无所适从，给会议带来不良影响。

（3）果断决策　在会议的会务、保卫等后勤工作方面，如果出现职责不明、相互推诿等影响会议正常进行的情况时，会议组织者要果断决策，迅速处理，协调好各环节的工作，必要时可以对造成不良影响的人予以惩处。

为保障会议顺利进行，会议组织者要灵活应对，协调好一切关系。

[链接4-4]　会议中的沟通技巧

在会议中进行发言时，应注意七个要点。

第一，从重要的部分说起；

第二，从肯定的方面说起；

第三，有逻辑地、简单地表达；

第四，一句话表达一种想法；

第五，思考发言提纲；

第六，使听者能够理解；

第七，使用切合实际的表达。

二、农村几种不同的会议形式的组织

1. 例会

例会是指有固定时间、固定人员、固定地点的制度性会议。农村中的例会主要有：每周例会、每半年一次的民主公开日活动、每年一次的表彰大会等。

（1）确保准时　例会是制度性会议，一般不事先通知，但也容易让村民忘记或忽略。提醒与会人在自己的日程安排表上作出标记，以防忘掉。确实不能出席的，应当请假或安排恰当人员代表自己参加，并告知主持人。

（2）精练务实，组织好发言　例会内容一般都是大家职责范围内的事务，所以例会必须精练、短小、务实。为了做到这些，应提醒参加会议的人员事先做好准备，在开会时才能言之有物，言之有的。主持人应当把握好顺序和节奏，发言要一个接一个，不要出现冷场。讨论时不要相互打断别人的发言，发生争执时要告诫大家保持发言次序和应持态度，防止跑题、重复、争执不休。注意要让所有与会者发言。

2. 报告会

报告会是请专家学者、先进人物或领导干部及其他人士进行专门报告的会议。报告会内容常见的有专题报告、学术报告、形势报告、先进事迹报告、典型报告等，报告会可以是一个人报告，也可以是多人报告。

主持人要注意会场秩序，提醒与会者做好记录，会后另安排时间讨论。报告结束后，要请报告人先退场，然后听众再退场。防止一哄而起，与报告人争路。

案例 4-2　举办农村综合改革专题报告会

2018年8月8日，××市举行农村综合改革专题报告会。由副市长主持报告会。农业部农业管理干部学院副院长、研究员朱某作了主题为"现代农业发展与农村经营体制机制创新"的报告。市人大常委会副主任、市政协副主席听取报告。朱院长深刻剖析了土地承包经营权的确权与调整、保障粮食安全与发展高效农业、农村劳动力转移与新型农民、农业成本上升与价格空间受限、发展农业机械与农艺农机融合、生态环境保护与农业增产增收6个影响现代农业发展及体制机制创新的问题。介绍了当前典型示范区现代农业发展与体制机制创新的主要做法。之后，朱院长结合当前实际总结了要重点促进农业产业专业化区域市场发展，把满足加工、出口等市场需求作为引领农业生产标准化的起点，尊重农民土地流转意愿等经验。同时,也指出了当前一些先进典型示范区存在的经营主体质量不高等方面问题。与会人员受到很多启发。

3. 座谈会

座谈会是邀请有关人员一起,围绕某一问题进行讨论,或为沟通情况、增进感情而进行交谈的会议。

(1) 组织者要搞好迎、送、招待工作　主持人在座谈开始时,要向大家介绍与会人。座谈会虽不如大型会议郑重、严格,也要注意座次的安排,主持人可以和大家围坐,对主要与会人应安排在距主持人较近的位置。

(2) 主持人把握好会议节奏　首先介绍会议目的、内容和座谈形式。为防止冷场,可以会前先安排几位人员带头发言,在以后的发言中也可以用点名的方法依次进行发言。

(3) 座谈会应有一个热烈、融洽的气氛　讨论中,气氛应活跃、尽情。主持人要注意鼓励与会人员争论,要求大家知无不言、言无不尽,注意要使每个与会人员都有发言的机会。

案例 4-3　山东省乡村文明行动"移风易俗"工作座谈会

2018年9月1~2日,山东省乡村文明行动"移风易俗"工作座谈会在××市召开。省委宣传部副部长兼省文明办主任参加会议,市委常委、宣传部部长参加活动并致辞。

座谈会的气氛热烈、融洽,省文明办主任对本市"移风易俗"工作给予充分肯定,并指出下一步工作任务,利用多种形式营造浓厚的舆论氛围;要抓住关键环节,实现重点突破,切实减轻农民负担,并对乡村文明行动提出要求。

大家就如何推进农村环境综合整治,开展农村志愿服务,组织农村文明家庭创建,加快农村综合性文化服务中心建设等问题尽情发言。

4. 现场会

现场会是会议的一种形式,它的特点是直观,既是会议,又是人们观看的场所,这样的会议解决问题速度比较快,有说服力,是一个好的会议形式。比如以一个专题去组织会议,可以到田间地头去开,可以到工厂学校、建筑工地去开。

案例 4-4　山东省美丽乡村标准化建设现场会

2016 年 8 月 30～31 日，山东省美丽乡村标准化建设暨节水农业和水肥一体化现场会在济宁市召开。山东省委、省政府领导，省委农村工作领导小组组长、副组长，济宁市委、市政府领导一起走上街头、走进村庄，观摩美丽乡村建设成果，感受美丽乡村建设的新变化、新气象。

现场观摩过程中，与会人员一路走一路看一路听，或走进村民家中，与村民拉家常、聊变化，或走进村前巷尾，详细了解村庄变化。美丽乡村建设亮点纷呈，给与会人员留下了深刻的印象。现场观摩会中，与会领导的话语不时带给大家鼓舞和力量。

三、农村重要会议的基本程序

农村工作内容比较烦琐，要求特别细致，遇到难以决定或是比较难处理的、涉及村民利益的事情，必须征求广大村民代表的意见和建议，需要开会决议。

农村召开此类会议的基本程序如下。

① 召集村民代表对事情进行协商；
② 商讨后的结果在村务公开栏内进行公示 5～7 日，征求全村村民的建议；
③ 在公示期间有村民反映情况的，及时接待并做好记录工作；
④ 公示期满后再次召集村民代表共同研讨，对村民提出的意见进行分析和研究，采取举手表决的方式，到会者均对会议内容无异议的，签字按手印确认；
⑤ 形成会议记录；
⑥ 报告上级领导；
⑦ 经过上级政府的确认或者否认，与村"两委"人员沟通，然后村"两委"人员在村里及时传达上级的指示。

案例 4-5　××村召开农村电网改造会议

2018 年，邹城市××村召开农村电网改造会议。会议前一天，村书记电话通知村民代表以及村"两委"人员于×月×日晚上 7 点钟到村办公室召开会议。

村民代表和村"两委"人员准时到达,并在签到簿上签到。会议由村书记高××主持,村会计韩××记录。首先高书记发表讲话:由于农村电线老化严重,以及线路存在不合理等多方面的原因,国家对农村电网统一改造。这次改造供电所免费为村民提供变压器、电线等,需要村民配合供电所人员完成线路改造工程。随后由村主任安排一些具体改造的工作。引导与会人员讨论供电所提供的三台变压器安置何处比较合适。村"两委"成员和村民代表逐一发表建议和看法。最后高书记宣布村"两委"人员和村民代表商讨结果即电表的安装地点,并请大家积极做好变压器安置点附近三户居民的工作。商讨后的结果在村务公开栏内进行公示。

温馨提示

农村电网改造是国家惠农政策的重要举措之一,村委领导需要将此政策宣传到位,更有利于得到村民的支持和配合。

四、主要与会人员会议期间的职责

1. 主持人

主持人主持要严谨、认真,会议要准时开始;开会后应清楚地介绍会议主题,不同性质和内容的会议,可以表现不同的主持风格;主持人应当把握会议气氛和节奏,维持秩序;鼓励与会者发言;有效的决策以及宣布会议结束。

2. 秘书或记录员

秘书或记录员在会议期间要提前到达,将会场准备就绪;记录会议时间、参加人数、会议内容以及报告人和会议结束的日期;提供所有必要文件;把握记录进程,避免不明确的讨论或通过含糊不清的决策;协助会议主持人做其他工作。

3. 与会人员

与会人员应准时出席会议;会中注意倾听他人的观点;按照会议要求发言;记录会议决定及需要采取的行动。

4. 发言人

发言人是会场的中心人物,对会议的质量有着首要的作用。发言人的发言要言之有的、言之有理、言之有物、言之有味,使听众能了解主旨,有所收获。

[链接 4-5]

发言稿是参加会议者为了在会议上表达自己意见、看法或汇报思想、工作情况而事先准备好的文稿。

发言稿的写法比较灵活，结构形式要求也不那么严格，可以根据会议的内容、需要等情况而有所区别。常见的形式如下。

① 开门见山提出本人要谈的问题及对问题的看法，然后说明理由，最后照应开头对全文做简明扼要的总结。

② 直接写出要讲的几个问题或几点意见，可用序号1、2、3等表示，问题讲完，即告结束，不写开头和结尾。

③ 汇报经验、情况的发言稿，内容比较系统，它包括情况叙述、经验介绍、体会收获等，这几方面的内容要连贯地写出来，构成一篇比较完整的文章。

写发言稿时，要注意以下三点。

① 观点鲜明。对问题持什么看法，要明确表态。对尚未认识清楚的问题，要实事求是说明，不要含糊其词。如果是汇报性的发言，要中心明确，重点突出，不必面面俱到。

② 条理清楚。一篇发言稿要谈几方面的问题，每一方面的问题要讲哪些条目，都要安排得有条有理，让人听起来容易抓住重点。

③ 语言简洁明快。发言是直接面向听众的，所以，发言的语言一定要简洁明快，尽量不使用冗长啰唆的句子，更不要使用一些深奥难懂的词句，话要说得准确、易懂，最好运用大众语言。

项目四　农村会议善后管理沟通

会议结束之后，进入会议的善后阶段。会议的善后阶段仍然是会议的一个重要组成部分，切不可疏忽大意、草率行事。

一、会议善后工作的意义

会议的善后工作具有十分重要的意义。它既是会议善始善终的需要，更是巩固会议的成果，贯彻落实会议决议、精神，将会议的精神成果转化为实践活动，收到实际效果的必然要求。因为，在一次会议结束时，一般都要进行概括性的总结，明确本次会议形成的决议或决定。

二、农村会议善后工作的内容

1. 资料整理、归档

村级会议有会议记录的，记录簿应妥善保管。议事过程中提出的方案、民主决策、决策结果公示和组织实施过程中等各类纸质及图片资料应归档立卷，存入档案，年底交乡镇（街道）党（工）委统一管理。事关村民利益的重大事项，应向法律机构或上级有关部门进行法律、政策和技术等方面的咨询，确保方案的可行性。

2. 会后任务的分解督导反馈

会议决议的办理，由村委会组织实施；决议执行情况的监督，由村党组织、村务监督委员会负责；村务公开领导小组根据有关规定，对决议执行情况定期进行相应公开。执行情况，由村民委员会每半年向乡镇（街道）党（工）委上报备案。决议形成后不得随意更改，因情况发生变化确需作出重大变更和修改的，村民委员会应当提交下一次议事会议讨论决定。因擅自更改决议而造成损失的由责任人承担，构成违纪的给予党纪政纪处分，涉嫌犯罪的移交司法机关依法处理。

3. 会后的宣传与公开

（1）决议公开　经村民会议或村民代表会议通过的事项，一律在村务党务公开栏或其他公开媒介进行公告。公告时间原则上不少于7天。公告期间，村"两委"成员、全体党员和村民代表要主动深入群众征求意见，做好工作，并将收集到的意见和建议进行认真分析、调查，对决议事项做进一步的补充和完善。如发现公告内容有遗漏的、不真实的应重新公告。公开事项必须经村务监督委员会审定。

（2）实施结果公开　决议事项在村党组织领导下由村民委员会组织实施，实施结果应及时向全体村民公示。公示内容要翔实、准确、全面。在公示时要注意收集党员群众的意见和建议，对收集到的群众意见要及时予以答复。

4. 做好会议财务决算

会议结束后，会计或其他主管财务人员应进行决算。会议经费的决算，必须如实列报，经领导审核，报财务部门结算。财务人员有权监督会议经费的开支，可以拒付一切不合规定的开支。

规范整合村务监督小组、民主理财小组等村务监督机构，由村民会议或村民代表会议推选建立村务监督委员会，各村明确1名党员担任村务监督联络员，实行村务监督委员会区级民政部门备案、村务监督联络员市级民政部门备案制度。村务监督委员会由3～5人组成，其中应有具备财会、管理知识的人员，负责村务监督、村财审计、民主评议等，每半年至少向村民会议或村民代表会议报告一次工作。提倡没有兼任村民委员会成员的纪检委员依法兼任村务监督委员会主任，鼓励群团组织负责人、村民代表、党员、离退休回村人员通过民主推选担任村务监督委员会成员，村民委员会成员及其近亲属、村会计（村报账员）、村文书不得担任村务监督委员会成员。

会议善后工作除包括会议文件资料的收集、整理与归档，会议决定事项的落实，会议评估与总结，会后的宣传与公开，财务决算等事项外，还包括参会人员送行、会场清理等相关事务。

三、主要与会人员会议善后的职责

1. 主持人

主持人核实秘书或记录员准备的备忘录或会议纪要草稿，监控进展；评估会议成果以及使所有成员都明确会议成果。

2. 秘书或记录员

秘书或记录员在会议之后要起草备忘录、会议纪要；交主持人批准，两天内发给与会者；核对必要的事实和数据；必要时根据备忘录或会议纪要和监督者的要求发布公示。

3. 会议成员

阅读、审核备忘录或会议纪要；执行行动计划，必要时汇报情况。

思考与分析

一、某县妇联为响应该市建设"美丽乡村"的号召，同时进一步加强对新一届村"两委"班子中的女干部工作能力的培训,定于2019年1月19日举办女干部培训班。请同学们运用所学知识和工作经验,对此会议进行安排,完成以下几个问题:

1. 该报告会需做哪些相关的准备工作?
2. 如何组织此次会议?
3. 此次会议需要做哪些善后工作?

二、你在会议沟通活动中是否具有以下行为要点?

你的会议沟通表现是打√,否打×

1. 总是在会议开始前3天就已经安排好了会议的日程并将该议程通知到每位与会者。
2. 当与会者询问议程安排时总是回答:"还没定呢,等通知吧。"
3. 对于会议将要进行的每项议程都胸有成竹。
4. 会议开始前半小时还在为是否进行某几个议题而犹豫不决。
5. 提前将每一项会议任务安排给相关的工作人员去落实,并在会议开始前加以确认。
6. 临到会议开始前才发现还有一些会议设备没有安排好。
7. 预先拟定邀请与会的人员名单,并在开会前两天确认关键人士是否会出席会议。
8. 自己也记不清邀请了哪些人出席会议,会议开始前才发现忘了邀请主管领导参加会议。
9. 会议时间安排恰当,能够完成所有的议题。
10. 会议总是被一些跑题、多话者干扰,难以顺利进行。
11. 会议室布置恰当,令与会者感觉舒适又便于沟通。
12. 会议室拥挤不堪,令与会者感觉不快,大家都盼望着早点结束会议。

以上12个问题,可能是你在会议沟通活动中常见的表现,你如果选择了题号是单数的行为表现,请给自己加上一分;你如果选择了题号是双数的行为表现,请给自己减去一分。最后看看自己的总分吧!

模块五

农村接待工作的管理沟通

> 能前知其当然，事至不惧，而徐为之图。
> ——北宋文学家 苏轼《晁错论》

[案例导入]　　　　迎接母校考察团考察

2014年11月18日，接到母校考察团要到自己村考察的消息，担任村委委员的李刚无比激动。他深知这次考察的重要性，打算以本村最高的规格接待考察团。接待计划中有村里环境卫生治理、做欢迎条幅、组织村民列队欢迎、安排会议室、准备镇里最好的饭店招待，并打算给老师、专家带些土特产等。李刚组织好帮忙接待的人员，等村民晚上都回家的时候，他到村民家中去请帮忙的人员。所有的准备工作已经就绪，就等着考察团的到来。

当他把想法和做法与考察团带队的老师沟通后，知道这次学校派考察团去村里调研，主要是针对他的果蔬合作社种植的100多亩荠菜项目。考察团的老师们带领部分学生参观学习，并有老师帮助村民解决种植合作社生产、运行过程中的技术问题，同时对他们村的党务村务管理工作进行调研指导。沟通后李刚明白，他的接待计划中，村环境卫生治理是接待工作需要的，做欢迎条幅、组织村民列队欢迎、安排会议室、准备镇里最好的饭店招待，给考察团老师带些土特产等都是不需要的。他的果蔬合作社只准备工作餐，考察团按照工作餐标准付费，不给合作社和村里增加任何经济负担。

11月19日，李刚与考察团带队老师电话联系，确认考察团大概在当日 10:30 到达，便和村委其他委员提前 10 分钟到村口等待。和考察团的老师见面后，大家握手寒暄，李刚开车在前面带路，带考察团成员到达果蔬合作社。对果蔬合作社的现状做了简短的介绍后，考察团老师决定直接到荠菜田地里去，看看荠菜的长势以及荠菜的种植模式。李刚边走边给考察团老师介绍荠菜的种植模式，以及荠菜的收成和销售等情况，考察团老师也边听边提出问题。参观后，考察团老师高度赞扬了李刚的种植模式，同时也鼓励考察团中的同学多发现一些致富技巧，现在市场需要什么就种什么，老百姓喜欢吃什么就种什么。

不知不觉到了中午吃饭时间，在合作社的净菜车间里，李刚端上他精心准备好的荠菜包子、荠菜烙饼、荠菜蒸菜、荠菜凉菜……很简单的菜品，让考察团的师生吃出了荠菜的美味、野味，也吃出了荠菜的营养价值。

在沟通交流中，李刚汇报了本村的村务党务管理工作，介绍了自己带领群众致富的新想法，并希望他的合作社能成为学校的学员创业示范基地。学校领导和专家们经过考察调研，一致同意给李刚的合作社挂牌。这次接待工作非常成功。

李刚通过这次接待，体会到接待过程中沟通是多么重要！

思考：

1. 总结李刚接待母校考察团的管理沟通程序和特点。

列举李刚接待考察团所做的工作：
①
②
③
…

特点：

启发：

2. 如果你是考察团的成员，你对这次接待工作满意吗？为什么？

项目一 农村接待工作类型及沟通案例

在当前国家重视新农村建设、关注农村发展的背景下，各级领导来农村视察、检查愈来愈频繁，且经常出现临时性、突发性的情况，因此做好接待工作也成为农村干部一项重要的任务。要确保做好每一次接待工作，抓住机遇，做到有效沟通，需要提前筹划、超前准备。同时应本着厉行节约、减少浪费、减轻农民负担的原则，提高工作标准，牢牢掌握接待工作的主动权，高标准完成接待任务。

一、农村接待工作类型

接待是村务管理中一种常见的公务活动，迎来送往是村务活动中的一项重要内容。接待活动的好坏优劣，直接影响村务活动的开展，影响村委会的形象。要策划好每一次接待活动，首先从认识接待类型开始。常见的村务接待类型如下。

1. 以接待对象和任务为标准划分

（1）公务接待　指针对上级领导到本村的视察、检查、指导工作的接待。例如，上级领导对本村党建、财务、环境卫生、计划生育、民主公开等检查工作的接待。这类接待情况复杂，任务重、责任大，有时需要安排座谈，需要根据不同情况，做出妥善安排。

（2）商务接待　是针对一定的商务目的而进行的接待活动。例如，新农村建设中乡村休闲旅游产品开发。这类接待，有时需要安排参观。不管规格高低、规模大小，都需要周到安排，热情接待。

（3）参观接待　指针对村级之间为增进友谊、加强联系的互相参观学习进行的接待，如兄弟村、企业、团体的参观考察等。这类接待一般时间较短，但也不能马虎，不能应付，否则让人感到不受重视，同样影响村委会形象。

2. 以接待场所为标准划分

（1）室内接待　指村"两委"成员在村委会办公室、接待室对各种来访者的接待。

（2）室外接待　指对来访者到达时的迎接、逗留期间的陪访及送行时的接待。

村务接待除以上类型外，还有一种特殊的接待，即暗访。暗访指暗中调查寻求有效信息，是机关政府、个人常用的一种调查手段。对于这种情况，村务管理人员需提前把工作做好，事后根据反馈的信息做好改善工作。

二、农村主要接待工作沟通案例

1. 领导调研检查沟通案例

领导调研检查属于公务接待。

例如，2018年2月，某省主要领导率队对该市小康村建设情况进行调研，也是一次验收。省委主要领导率省有关部门主要负责人，在市主要领导陪同下来村调研、验收，其重要性不言而喻，接到任务，村干部先做好了以下几项工作。

（1）做好领导参谋　通过与相关部门沟通，结合本次活动的主要目的，拟一份接待建议方案。接待建议方案的内容有日程与礼遇、相关工作分工等。

在安排考察点位时，依据该小康村建设成果这一主题，经过与乡镇领导沟通，在点位的组织上，既要有村办工业也要有现代农业，既要有城镇化的新农村也要有农村原景，当然所有的这些点位都必须是亮点，且具有一定的代表性。村干部们经过筛选，将几个点位组合成了3套方案供市领导选择。这是一个给领导做参谋的过程，为领导决策提供翔实资料、专业安排、有主见和余地的多套方案是村级接待部门的职责。

（2）向酒店预订客房、会场、餐厅　根据团队的规格、规模、各宾馆的实际情况预订客房、会场、餐厅。通过沟通得知，本次省委领导来调研，随行人员约20人，本市陪同人员近30人，经过联系只有某酒店能提供50多个房间及相应的会场、餐厅。这也是一个重要的环节，不能一厢情愿，不经查询就拍脑袋定下来。在实际工作中常遇到有些部门没有沟通查询、核实，一厢情愿地把接待活动安排在某个宾馆，但事实上这个宾馆当天已有其他接待任务，没有接待条件了。这需要我们在做方案之前就摸清楚有关情况，避免工作被动。

（3）做好个性化的服务　要在以往的接待过程中留心领导的爱好、特点。例如，在房间安排、菜单搭配等多方面精心布置。有的领导在开会时常做记录，那么准备的笔纸数量要多一点。在实际接待工作中反复沟通才能根据这些情况做出有针对性的安排。

（4）认真衔接好每一个环节，确保接待活动顺利开展　接待活动环环相扣，一环松动，影响全局。在数学上"100－1＝99"，但在接待工作中"100－1"有可能等于"59"（不及格），也有可能等于零。所以在实施接待过程中要胸怀全局，每个环节谙熟于心。对于有可能出现的变化要有所预见，并做好应对预案，做到心中有数。参与接待的工作人员要相互沟通、互相提醒，只有这样，重要的接待才会顺利完成，取得良好的效果。

比如在省委领导来市调研时，抵达时间比预定得稍有提前，而市领导还未抵达，正在途中，为了确保市领导能比省领导先抵达酒店，对线路进行修改，为市领导争取宝贵的时间。

2. 友好访问考察沟通案例

党政主要领导带队对村集体经济发展情况或新农村建设某个方面情况进行考察，人数一般在 10～50 人不等，有的甚至超过 100 人。

2018 年 7 月 22 日，某村接到镇里通知，7 月 23 日至 24 日有一个临近县的党政考察团来村考察，村里负责接待任务。

于是村干部就开始筹备，首先分析考察团的基本情况：①临近县与本县同处一省，地理位置临近，交往比较多；②通过沟通从组团情况来看，带队的是县委常委、人大常委会主任、政协主席及副书记、副县长等多人，随行人员都是各镇及部委办局一把手，说明该县对这次考察活动十分重视，考察团规格较高、规模较大（40 多人）；③该县已于当年 7 月中旬专门派县委秘书来本县联系相关事宜，而后又提前几天向本县发来考察函，可以看出，对方对此行相当慎重。

根据来宾的日程、目的等因素，某村拟了一份"接待安排意见"报镇主要领导审批。根据镇主要领导同意的接待安排意见，村干部们主要要做以下几项工作：一是迎接考察团，并协助做好房间安排工作；二是安排好 7 月 24 日的早餐和午餐；三是安排好参观活动；四是安排好情况介绍会现场；五是送行。由此看来，虽然工作较多，但是只要有条不紊地开展，应该不存在任何问题。

接待工作始终处在变化之中，本次接待也不例外。考察团抵达该村后，主要领导联系到本县一名领导，本县该领导于当年上半年曾去对方县考察，对方热情接待。由此，县领导考虑到 7 月 23 日晚来访县党政考察团抵达后没有其他活动，决定于 7 月 23 日晚接待来宾，并邀请本村老书记一起参加，地点安排在某酒店。

村干部们迅速反应，及时调配人员专门负责安排当天的任务。任务进行得很顺利，气氛也很好。当晚，来宾负责人邀请本村老书记给考察团作报告，老书记当即表示接受邀请，并约定于 7 月 24 日早餐后作报告。这是本次接待中出现的最大变化。因为 7 月 23 日晚是否增加一次接待对于整个接待活动的安排没有影响，但是 7 月 24 日上午增加一个报告会就意味着 24 日的所有活动必须调整，其中涉及乡镇主要领导情况介绍会。

由于事关重大，负责人召集相关人员专门沟通商议，建议方案改为：一是早餐按计划进行；二是老书记的报告会放在住宿酒店进行，时间是上午 8:30—10:30；三是上午 10:30—11:40 安排参观考察暨本村生态园、新社区；四是上午 11:45，县主要领导会见来访县领导（不包括考察团其他成员），原来安排的乡镇领导情况介绍会取消；五是 12:00 用午餐；六是午餐后继续参观村西新区、村办企业集团，整个活动下午 14:30 结束。这个方案与第一个方案相比有了很大变化，牵涉面广，其中还涉及县委主要领导的活动变化。

做好初步方案后，接待人员迅速向县委秘书长电话汇报（已经没有时间作书面汇报），与乡镇领导及时汇报。经过反复多次、多方面沟通衔接，终于在 7 月 23 日晚 22:00 时左右，敲定最终方案。村委们随即根据新的方案布置、实施。

在实施之前，对整个方案又进行了进一步审视，认为整个方案的重点是 7 月 24 日上午 11:45 时县委主要领导的会见活动，务必确保此项活动按时进行。根据 7 月 24 日上午的活动安排，最有可能对这项活动有影响的是报告会有可能延长，一旦这样，会见活动有可能会没有时间举行，这个后果极其严重。所以村委们作出决定，要与来访县的主要领导、主要组织人员、本村老书记沟通一次，让各方都知道 7 月 24 日上午的总体安排，并再三提醒有关领导要按照总体时间安排开展活动。当然在沟通时要注意方式方法，注意措辞。最后，整个接待任务终于顺利完成。

本次接待活动规模较大、规格较高、内容丰富，变化也较大，接待取得的效果也比较好，是友好访问考察型接待有效沟通的一个典型案例。

3. 条线工作会议沟通案例

当今时期，随着新农村建设的飞速发展，许多会议主办方会将一些会议安排在近郊发展好的山庄、生态园等，这类接待涉及的人数多且分散，其中有时还有上级重要领导参加会议。一般停留时间较长，会议内容丰富，议程复杂，所以会务准备工作量比较大。要做好这类接待工作，需从以下三个方面入手。

一是组建一支接待队伍。根据实际需要，成立材料组、宣传报道组、会务组、保障组，在实际工作中可以根据需要增设交通组、安全组等。这个会务组的组长很重要，要统筹安排好各项工作，同时也要做好对上级的沟通衔接工作。将整个会务接待工作科学分工，发挥好每个人的作用，共同把会务工作做好。

二是编制一本《会务指南》。这是一项十分重要的工作。可以说《会务指南》的质量好坏直接影响整个会议接待的秩序。将会议的有关事项编印成《会议手册》，其包括以下内容：①会议须知，即参加会议的要求，比如对着装、会场纪律的要求等；②作息时间；③就餐安排；④会议议程；⑤会议代表名单；⑥房间安排；⑦会场座位安排等。可以根据实际需要选择必要的内容编印成册，在报到时分发给与会代表。

三是突出一个重点。这个重点就是对出席会议的上级领导的接待。普通会议代表一般会按照《会务指南》的安排参加相关活动，而上级领导不仅要出席会议，有时他们还会对会议的总体安排或某项活动、议程提出意见，有时他们在会议活动项目之外还有其他活动。所以要跟进好上级领导的动向，及时迅速作出反应，必要时要对原来的活动安排作出调整。

[链接5-1] 会议主席台座次的安排

根据一般原则：左为上，右为下。当领导同志人数为奇数时，1号领导居中，2号领导排在1号领导左边，3号领导排右边，其他依次排列；当领导同志人数为偶数时，1号、2号领导同时居中，1号领导排在居中座位的左边、2号领导排右边，其他依次排列（图5-1）。

村务接待中，上述几类常见的活动有一定规模，一般安排具体翔实。还有一些接待比较简单，即来宾逗留时间短、接待内容少、环节少，也没有特别重要的嘉宾参加的简易型接待。一般诸如普通的客人来村顺道经过，短暂落足，有的顺道参观几个单位，有的只需安排一次便餐。这种接待操作起来不必拘谨，也不牵涉太多的精力，

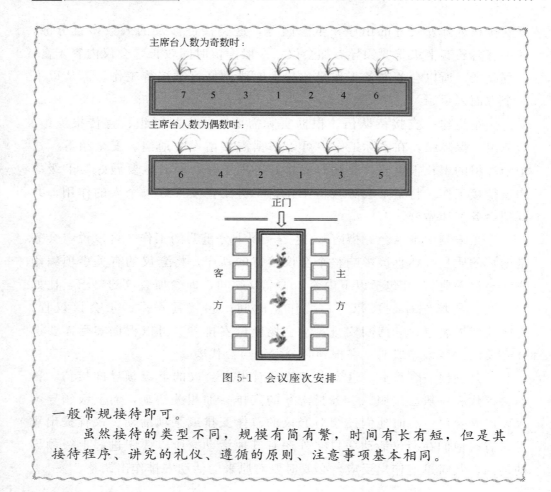

图 5-1 会议座次安排

一般常规接待即可。

虽然接待的类型不同，规模有简有繁，时间有长有短，但是其接待程序、讲究的礼仪、遵循的原则、注意事项基本相同。

思考与分析

1. 结合本村的实际情况，谈谈你村在接待上级环境卫生检查工作中需要做哪些具体安排。

2. 如果在检查中碰到环境卫生不合格，或是有一户村民把垃圾倒在路中间又恰巧被检查人员看到，作为村接待检查人员应该怎么处理？

项目二　农村接待工作沟通过程及要素

接待是迎接领导视察工作的一个重要组成部分，是展示乡村形象的窗口工程。接待工作水平的高低、接待工作效果的好坏，既体现着乡村内部的管理水平，也直接影响着上级领导对乡村干部领导能力的评价。因此，必须关注细节，扎实做好接待工作。

一、农村接待工作管理沟通过程

在接待工作中，村委及相关接待人员需要做到接待前沟通、过程中沟通及总结沟通，通过前面农村接待案例已有具体体现。

1. 接待前沟通

掌握客情就是准确掌握并确认来宾的相关情况。对来宾的组团情况、主要领导身份、考察目的、时间等相关情况与对方负责人沟通，了解清楚，这是制订接待方案的前提。

拟订方案即通过沟通对来宾的活动作一个全面整体的安排，并向上级领导汇报，有时领导会提出修改意见。因为参与接待的领导有可能因为特殊情况无法参加接待，或没有足够的时间全程参与接待，也有可能需要对活动安排作些调整。比如原来安排情况介绍在上午举行，但是由于上午领导有其他工作，所以会要求把这项活动调整到下午，诸如此类情况都非常重要，我们要根据上级领导的意见调整方案。在这过程中，要对有些拟安排的接待路线、内容预先沟通，掌握这些情况后做方案，可以避免被动。

通知布置即向村里相关人员下发接待通知，在通知中将来宾对象、陪同的领导、时间、要求等讲清楚。发出通知后还要电话跟踪落实情况。

根据沟通掌握的信息，按照村内的实际情况提前布置接待现场。因地制宜，如悬挂"欢迎领导检查指导工作"的标语横幅。标牌标语的制作一定要规范、醒目、大气，谨防错别字、掉字或不协调、不规范。悬挂一定要牢靠，谨防随风乱飘甚至被风刮落（横幅标语在制作时应打通风孔）。

视察便道要平整畅通，确保无淤泥、无积水，对大的坑洼要进行填筑，途经村庄的路口要安排专人值守，防止交通阻塞。

［链接5-2］ 见面基本礼仪

（1）握手 通常年长（尊）者先伸手后，另一方及时呼应。来访时，主人先伸手以表示欢迎。告辞时，待客人先伸手后，主人再相握。握手的力度以不握疼对方的手为限度。初次见面时，握手时间一般控制在3秒钟内。

(2) 介绍　介绍时应把身份、地位较低的一方介绍给相对而言身份、地位较高的一方。介绍时陈述的时间宜短不宜长，内容宜简不宜繁。同时避免给任何一方带来厚此薄彼的感觉。

(3) 致意　表示问候之意。通常在各种场合用举手、点头、欠身等方式向对方打招呼。

2. 接待过程中沟通

来宾抵达后，要根据方案逐步开展各项活动。在这过程中，要注意一点，就是接待方案随时有可能出现变化。比如来宾抵达的时间有变化，假如来宾比原计划迟到了很多，那么就需要删减后面的部分活动；再如，原计划要来的某个比较主要的领导因故不来了，这要向有关领导汇报，同时对会场、就餐的布置作出相应调整。总之，在实际接待工作中，一切按方案进行的几乎没有，一般在方案基础上都会有所变化，这也是村级接待工作的一个特点，因此及时沟通显得尤其重要，我们要平心静气、及时反应、沉着应对。

3. 总结沟通

送别是接待工作的最后环节，接待工作要善始善终。送走客人并不表示整个接待的完全结束，还有最后一项重要的工作要做，就是将此次接待任务整理归档。村里参与接待的人员交流总结，整理出本次接待最终采用的方案，以及与本次活动相关的资料，比如双方领导名单、接待场所、住房安排、参观线路等，剔除那些原来的没有实施的方案。这些资料不仅是为乡村发展、迎接检查积累材料，也将为下一次接待提供宝贵的经验。

[链接5-3]　**注重形象的塑造**

形象是人的精神面貌、学识素养、性格特征等的具体表现。每个人都通过自己的形象让他人认识自己，而周围的人也会通过这种形象对你作出判断。这种形象不仅包括人的外貌与装扮，而且包括言谈举止、表情姿态等能够反映人的内在本质的内容。

保持良好的仪表、仪态，是对自己同时也是对他人的尊重。爱美之心人皆有之，每个人都有尊重自我的需要，也想获得他人的关注与尊重。如果衣冠不整、不修边幅、憔悴潦倒，会给人生活懒散、

> 作风拖沓、责任感不强、不尊重别人的印象。
>
> 　　在接待过程中，作为一个成员，个人的仪表、举止不只代表个人形象，同时也是村组织的组成部分。每一个村民的形象都是对自己的宣传，对村集体的宣传。

二、农村接待工作注意事项及要求

1. 把握全局，注重细节

接待工作事务具体繁杂，涉及方方面面，组织协调不好，就会出现失误，所以必须把握全局、全面部署、周密计划、统筹安排，同时又要关注细节、细化方案，做好每一个环节的协调与对接，确保迎接工作的高效完成。

2. 抓住重点，整体推进

提前了解领导视察的重点，必须加强现场管理，确保在领导视察过程中不出现纰漏和问题。同时也要全面做好迎接领导视察的各项保障和服务工作。

3. 加强联系，灵活应对

当前领导视察工作突发性强、频率高、情况变化快，因此作为村委领导必须保持和上级相关部门的沟通联系，能够提前掌握和了解领导视察工作的相关信息，做好事前准备。对于突发性的视察和检查工作要沉着应对，做好日常村务管理的基本工作，对于领导视察过程中的临时性调整与情况变化，也要措施得当，果断处理，随机应变，确保效果。

4. 内重素质，外树形象

目前，接待已成为村委一项常规性重要工作，做好这项工作可以展现村委组织的综合管理水平，也可以反映出乡村的文化建设，树立乡村形象。因此作为村委成员要内重素质、外树形象，不仅要注重仪容仪表、言谈举止，更要加强品行修养，提高综合能力，在迎接领导视察过程中展现出良好的素养，树立乡村的良好形象。

三、农村接待工作管理沟通要素

1. 农村接待安排要融入"三特色"

一是经济特色。接待人员要树立"围绕中心，服务大局"的意识，在制作考察调研活动的方案时，既要突出来宾考察调研的主题，又要选择具有代表性的考察点，把"服务地方经济、社会文明"的思想主动融合到接待工作中去，主动宣传本村得天独厚的优势，宣传资源优势和良好的投资环境。因此在考察点的选择上，要充分展现村庄规划、党建村务管理、村级发展集体经济、文明和谐的亮点。在线路安排上，要勾画出新农村中本村规划最美丽、最具魅力、最宽畅的道路等等。

　　二是文化特色。接待工作融合本村地方文化特色，才能使村务接待具有生机和活力。我们在满足来宾生活服务方面的习惯、嗜好、性格的基础上，还应积极在以饮食调理上下功夫，例如，微山县是鱼米水乡，我们接待客人一直都以"微山湖"特色、"民间"特色菜系，微山湖鱼虾等水产品为主，尽量不上"洋""海""辣"菜。并在讲究菜肴品种和搭配制作的同时，融入有民间故事菜道，如"草鱼抹锅饼""粉皮鸭蛋""芦花鸡""微山湖小炒"等，让来宾感受微山湖特色。另外，在宣传本地产品上下功夫。

　　三是服务特色。村级接待把"热心、耐心、细心"贯穿每个接待细节。如在安排过程中，接待人员会提前给来宾打一个联系电话沟通、提前制作一本《接待手册》、提前打印一张就餐时的"掌中宝"（即用餐人员名单）、提前在房间内放一封欢迎信、提前准备一把雨伞等。这些看似微不足道，但在来宾心中会留下很深的印象。我们把温馨服务理念贯穿接待工作全程。在村内设欢迎撑牌、引领指示牌；在情况介绍会场上，用多媒体屏幕推出"热烈欢迎×××莅临指导"字样；在考察途中，把提高服务水准工作推向基层参观点。培植考察点是政务工作的需要，也是接待工作中的一项重要任务。因此，对参观单位的接待工作、接待人员进行工作指导和培训，提出了要做到"五个一"，即一支高素质的村级接待队伍、一条最佳的参观线路、一个上档次的接待会场、一份全面的介绍资料、一套现代化的放映设备。这些都能达到预期的接待效果。

2. 农村接待过程要确保"三安全"

　　村级接待工作离不开"吃、住、行"，从方案出台到实施完成，关键是要全方位确保接待任务圆满成功。其中村级接待的第一位工作是安全，这是最基本、最重要的要求。因此，作为接待人员首先要牢固树立"安全第一"的观念，切实增强安全意识。在接待安排及操作过程中，注意行车安全、饮食安全、住宿安全，要避免发生影响安全和健康的事情，把任何不安全因素降低到"0"指数。其次要根据有关接待安排，周密布置并认真落实各项安全保卫措施，确保不出问题。

3. 农村接待工作要讲求"三个效益"

村级公务接待工作不同于一般接待，也是乡镇党委和政府工作的一部分，做好政务接待要用科学发展观来统领开展工作，才能不断提高工作的效益。

一要坚持讲政治效益。村级接待人员是围绕乡镇政府的中心工作做服务工作的，因此必须在思想上牢固树立起"为来宾服务、为地方经济服务"的政治意识，在工作上切实肩负起政治责任，以自己良好的形象、文明的礼仪，树立良好的窗口形象。

二要坚持讲社会效益。村务接待工作往往被看成一个乡镇、一个村的工作缩影，接待人员也往往被称为一个乡镇、一个村的"第一门面""第一名片"。接待人员的一言一行、一举一动，接待工作的好与坏、优与劣，直接影响客人对这个乡镇及村干部能力素养、工作绩效、工作作风、精神面貌的评价。因此，接待人员必须严格要求自己，严格遵守接待纪律，"不该做的不做、不该讲的不讲、不该拿的不拿、不该吃的不吃"，以自己清正廉洁的言行切实转变工作作风。

三要坚持讲经济效益。接待工作不能简单地以花钱多少来衡量接待工作的好坏，花钱多不一定接待水平高、客人反映就好，花钱少不一定就接待差。接待质量的高低关键在于接待人员的安排。

4. 农村接待人员要提高"三种能力"

上级领导和外地来宾到一个村考察学习，首先见到的面孔就是接待人员的面孔，客人的第一印象往往来自接待人员和接待工作。如果我们做到事事精心安排、不出纰漏，时时热情主动、悉心服务，处处让来宾感到亲切、温馨、舒适、自然，使客人带着欲知而来、载着认知而去，有宾至如归、有留恋他方之感觉，那作为一个接待人员来讲是成功的接待，反之客人、接待人员都会留下许多遗憾。因此，接待人员必须换位思考，要站在来宾的角度着想，站在领导的角度着想，站在基层的角度着想。做到这一点不难，我们只要培养接待人员具有"三种能力"。

首先要具有倾听能力。听人说话，是一件非常容易、非常简单的事情，然而，作为一个接待人员应能从倾听中获得工作上的收获。每一次接待的机会，接待人员都会与来宾接触、讲话，都能有机会听领导作情况介绍、作报告。因此，我们要学会听、学会记，从中不断提高自己对本村经济发展情况的了解程度。同时也能学到领导同志的工作方法，接受领导的气质熏陶，感悟领导的人格魅力，渐渐使自己成为视野高瞻远瞩、胸怀大局、文化底蕴深厚、综合素质较强的接待工作者。

其次要具有协调能力。协调是接待工作的生命。因为接待工作辐射面广，特别是重要的接待任务就是一个大接待，经常牵涉到公安、交通、城管、环保、园林、卫生、宾馆、乡镇等不同单位为之配合服务和各相关部门参与的情况，协调不好就会责任不清、互相推诿，甚至会造成不可挽回的影响。为此要做到：一是做好村内接待工作的合理分工，二是做好领导和部门的通知，三是加强与乡镇和、上下沟通，四是及时汇报。同时，接待人员要有严谨细致、高度负责的精神，要有不计名利、苦干实干的精神，要有谦虚谨慎、担当责任的精神。

再次要学会"一专多能"的能力。随着农村社会经济的发展，到农村视察、指导、洽谈的各级干部、各级领导、中外客商、周边城市友好代表团日益增多，农村接待呈现"层次高、重量级、专题强"的特点。面对这一形势，接待人员包括每个村的接待人员都会面临一个问题，就是安排来宾吃住、做好生活服务不成问题，难的是如何高标准、高质量安排来宾的考察调研、如何向来宾介绍情况的问题。因此，村干部不仅要有一定的政治修养、思想境界、道德水平和文化素质，而且还要认真学习、苦练内功，熟练掌握本地区的社会经济发展情况，以及投资的领域、项目、优惠政策等，久而久之接待人员就会具备这样的能力——用句土话讲就是，农村干部要锻造万金油，成为"一专多能"的综合型、复合型人才。

[链接5-4]

语言学家艾伯特·梅瑞宾的研究表明，人与人之间的沟通93%是通过非语言沟通进行的，只有7%是通过语言沟通进行的。非语言沟通中，有55%是通过面部表情、形体姿态和手势等肢体进行的，只有38%是通过音调的高低进行的。

非语言沟通的功能作用就是传递信息、沟通思想、交流感情。

(1) 非语言沟通是伴随着沟通的一些非语性自行为，它能影响沟通的效果，如面部表情、身体姿势、声音（音色、音调、音量）、手势、抚摸、眼神交流和空间等。非语言信息是一种不很清楚的信息，但它往往比语言性信息更真实，因为它更趋向于自发和难以掩饰。同样一句话可以由于非语言性行为的不同而有不同的含意和效果。

（2）非语言沟通可以显示一个人的个性及魅力 比如身体接触、仪态、眼神交流均可以表现给交流对方一个个性印象。想说服对方时可以用比较有力的手势加强效果；而如果一个人体态语比较低调，明显会降低一个人语言的说服力。

（3）非语言沟通是语言沟通的补充和完善，在许多语言沟通无法准确表达的时候，适当利用非语言沟通可以达到更好的效果。

思考与分析

1. 仔细阅读文中案例，结合本村实际情况，论述不同类型的接待前应做哪些准备工作。

2. 试举例分析在接待中如何树立良好的乡村形象。

参 考 文 献

[1] 彭德举，罗玲. 乡村领导实务与村民自治［M］. 北京：高等教育出版社，2011.
[2] 王建民. 管理沟通实务［M］. 北京：中国人民大学出版社，2014.
[3] 杜慕群. 管理沟通［M］. 北京：清华大学出版社，2009.
[4] 李燕凌，曾福生. 农村公共危机表现形式及其化解［J］. 农业经济问题，2005，(12).
[5] 魏江，严进. 管理沟通——成功管理的基石［M］. 北京：机械工业出版社，2010.
[6] 王佩玮. 管理沟通［M］. 上海：华东理工大学出版社，2013.